Lingnan Report on Development 2023

岭南发展报告（2023）

中山大学国家发展研究院　著

中山大学出版社
SUN YAT-SEN UNIVERSITY PRESS
·广州·

版权所有　翻印必究

图书在版编目（CIP）数据

岭南发展报告 . 2023 / 中山大学国家发展研究院编著 . --广州：中山大学出版社，2024. 11. --ISBN 978-7-306-08272-5

Ⅰ . F127.65

中国国家版本馆CIP数据核字第20242BF031号

出 版 人：	王天琪
策划编辑：	曾育林
责任编辑：	曾育林
封面设计：	曾　斌
责任校对：	孙碧涵
责任技编：	靳晓虹
出版发行：	中山大学出版社
电　　话：	编辑部 020-84113349，84110776，84111997，84110779，84111996
	发行部 020-84111998，84111981，84111160
地　　址：	广州市新港西路135号
邮　　编：	510275　传　真：020-84036565
网　　址：	http://www.zsup.com.cn　E-mail：zdcbs@mail.sysu.edu.cn
印　刷　者：	佛山市浩文彩色印刷有限公司
规　　格：	787 mm×1092 mm　1/16　10.75印张　230千字
版次印次：	2024年11月第1版　2024年11月第1次印刷
定　　价：	58.00元

如发现本书因印装质量影响阅读，请与出版社发行部联系调换

前言

当今世界百年未有之大变局加速演进，国际合作与竞争格局深刻调整，人类社会发展正处在一个关键的十字路口。影响百年大变局演进的因素，既有新工业革命及其所带来的国家力量对比和国际权力结构调整等中长期变量，也有世纪大疫情、地缘政治冲突等看似偶然的阶段性因素，还有气候变化等全人类面临的共同挑战。无论如何，在一个利益深度交融、行为相互影响并面临共同挑战的世界中，各国的正确选择只有一个，那就是同舟共济携手共进，共同应对多重危机冲击，在发展中解决发展出现的问题。近一百年来，对20世纪30年代初"大萧条"和2008年国际金融危机两次全球大危机的不同应对，也清楚地展示了迥然不同的前途命运。

全球已经和正在发生的变化，侵蚀全球发展动力和加剧全球发展赤字，还使得中国发展的外部环境更加复杂严峻，不稳定性、不确定性明显增加。中国已全面进入加快构建新发展格局、推动高质量发展的新发展阶段，正在努力推动实现更高质量、更有效率、更加公平、更可持续、更为安全的发展，也必将为世界发展注入更多活力和稳定性、确定性。

《岭南发展报告（2023）》正是诞生于这样一个历史时刻。作为岭南学人，我们希望集各方之智慧，为世界和中国的经济发展提出一些有价值的分析判断和建议，也为粤港澳大湾区的发展贡献一份力量。

本报告共分六个部分。

第一章关注全球发展的整体状况，这是中国发展的背景板和坐标系。2023年全球经济发展呈现三大特征：一是增速回落，且面临中长期进一步放缓的风险；二是经济全球化持续遭遇逆流，贸易投资的不确定性上升；三是全球发展分化严重，发展中国家在经济复苏上面临比发达国家更大的挑战。展望2024年，全球经济将在多重挑战中呈现低速增长和不平衡发展的态势，本报告预测2024年全球经济增速的基线值为2.7%左右。第一章执笔人为中山大学岭南学院赵昌文教授，国务院发展研究中心中国国际发展知识中心周太东副研究员、周雨副研究员、张友谊副研究员及国务院发展研究中心发展战略和区域经济研究部卓贤研究员。

第二章分析中国经济的现状、挑战和前景。2023年中国经济在稳步复苏中持续推进高质量发展，但也面临国内外需求、投资、产业链、就业等多方面压力。展望2024年，中国经济有条件保持稳定增长态势，继续推动质的有效提升和量的合理增长。第二章执笔人为国务院发展研究中心产业经济研究部许召元研究员和中山大学岭南学院申广军副教授。

第三章至第五章分别研究了广东省、香港地区和澳门地区的发展状况。2023年，广东经济总体稳定复苏，但仍面临内需不足、区域发展不平衡、域内产业转移与转型困难以及外部环境变化等挑战。展望2024年，通过进一步完善全过程创新链、构建现代化产业体系等措施，广东有望实现更高水平的经济高质量的发展阶段。第三章执笔人为中山大学岭南学院李善民教授和张一林副教授。

2023年香港地区走出疫情困扰，社会全面恢复正常，经济稳步复苏。但各种不利因素交织导致香港地区整体货物出口持续下跌，投资及资本市场表现欠佳，同时面临来自其他经济体的激烈竞争以及自身人才流失、产业结构单一、人口老龄化等一系列挑战。除了巩固传统优势产业外，未来需继续努力发掘新增长点，为经济稳定、复苏与增长培育强劲动力。第四章执笔人为香港国际金融学会主席、香港中文大学（深圳）公共政策学院副院长肖耿教授和练卓文研究员。

澳门地区经济呈现波动幅度较大、产业结构单一的微型经济体特征。由于自身所受的硬性和软性约束，澳门地区经济适度多元发展面临现实困难。通过在国家发展大局中扮演好"精准联系人"角色、积极参与粤港澳大湾区建设、利用粤澳深合区创新优势、夯实综合旅游业和促进新兴产业发展，以创新为主要动力，完善相应的制度、人才和资金保障，澳门地区一定能够实现多元化和可持续发展。第五章执笔人为澳门城市大学叶桂平教授、娄世艳副教授和澳门社会经济发展研究中心王梓助理研究员、吴铜章助理研究员。

第六章分析了粤港澳大湾区的融合与发展。近年来，粤港澳大湾区围绕"硬联通"、"软联通"和"心相通"来促进粤港澳三地的融合与发展，取得了一系列标志性成果，但融合与发展仍然面临多个方面的难题。需要进一步克服粤港澳三地的制度差异，共同推动粤港澳大湾区建设国际一流湾区与世界级城市群。第六章执笔人为中山大学自贸区综合研究院符正平教授和粤港澳发展研究院彭曦副研究员。

本报告是中山大学国家发展研究院的首份公开报告，主要涉及与全球、中国和粤港澳大湾区经济社会发展直接相关的一些基础性、综合性问题，今后每年会定期发布报告并聚焦中国与全球发展重大问题进行深入分析。

本报告由赵昌文、李善民、申广军和张一林统稿。中山大学岭南学院和中山大学出版社为报告的撰写工作提供了大力支持，在此表示感谢。由于时间仓促，本报告缺点和错误在所难免，敬请大家批评指正！

2023年12月2日

目录 Contents

第一章 当前全球发展形势及未来一个时期的趋势

周太东　周雨　张友谊　卓贤

一、全球经济发展现状 / 001

（一）全球经济增长放缓，中长期前景疲软 / 001

（二）经济全球化遭遇逆流，贸易投资不确定性上升 / 005

（三）全球发展分化严重，发展中国家复苏难度更大 / 009

二、全球经济发展面临的主要挑战 / 012

（一）劳动力失衡 / 012

（二）投资低迷 / 013

（三）创新驱动不足 / 014

（四）全球治理失灵 / 014

三、全球经济趋势和展望 / 016

（一）经济全球化是不可逆转的历史大势 / 016

（二）有效运筹全球经济治理体系改革 / 016

（三）抓住数字化和绿色低碳转型机遇推动全球经济增长 / 017

（四）全球经济增速：基于组合预测的分析 / 018

第二章 中国经济：现状、挑战与展望

许召元　申广军

一、中国经济在稳步复苏中持续推进高质量发展 / 022

（一）经济增长逐步恢复 / 022

（二）新型工业化初见成效 / 026

（三）服务业从恢复性增长向内生性增长转变 / 029

（四）区域经济协调发展进一步增强 / 032

二、经济发展面临内部结构转型和国际分工格局调整的多重挑战　/ 034

（一）居民消费比重仍然显著偏低　/ 034

（二）房地产及其相关产业链可能出现收缩　/ 036

（三）出口增长拓展难度加大　/ 040

（四）保持充分就业水平面临不小困难　/ 043

（五）防范化解重大经济金融风险，挑战依旧严峻　/ 045

三、深化改革开放持续增强经济发展内生动力　/ 047

（一）化挑战为机遇，以"碳达峰碳中和"为牵引加快推动新型工业化　/ 047

（二）供给侧加快数字化智能化转型，需求侧激发国内统一大市场的巨大潜力　/ 052

（三）优化投资结构减少低效投资，进一步发挥消费增长拉动经济增长的基础性作用　/ 054

（四）多措并举促进高质量就业，增强经济发展内生动力　/ 057

（五）2024年中国经济有条件保持在合理增长区间　/ 060

第三章　广东经济高质量发展

李善民　张一林

一、广东2023年经济发展的现状与特征　/ 063

（一）经济稳定复苏　/ 063

（二）工业发展质量持续提升　/ 065

（三）不断迈向高水平科技自立自强　/ 068

（四）绿色发展稳步推进　/ 070

（五）就业情况保持平稳　/ 071

二、广东经济面临的挑战与困难　/ 072

（一）内需收缩对经济增长形成较大压力　/ 072

（二）区域发展不平衡问题仍待解决　/ 075

（三）域内产业转移与转型存在提质增效的空间　/ 077

（四）外部环境变化带来更多挑战　/ 080

三、广东2024年经济发展对策与展望 / 081

（一）积极完善全过程创新链，打造前沿科技创新高地 / 081

（二）构建适应高质量发展的现代化产业体系 / 083

（三）促进国资国企与民资民企协同发展 / 085

（四）扩大社会有效需求，推动消费复苏增长 / 086

（五）打造外贸新增长点，数字化赋能企业"走出去" / 087

（六）推动乡村全产业链升级，全面推进乡村振兴 / 088

（七）展望2024：广东有望迈向更高水平、更高质量的发展阶段 / 089

第四章　香港经济：稳定、复苏与增长

肖耿　练卓文

一、疫情后香港经济发展情况 / 092

（一）经济增长稳步复苏，但受外部环境影响基础仍不牢固 / 092

（二）劳动力市场持续改善、私人消费强劲复苏，多个行业收益明显改善 / 093

（三）全球市场需求收缩，货物出口大幅下跌 / 096

（四）股票市场持续低迷，新股数量及融资总额为过去十年低位 / 099

（五）住宅及非住宅物业市场交易低迷，价格存在下行压力 / 100

二、当前香港经济面临的主要挑战 / 102

（一）经济结构单一，容易受外部市场的影响 / 102

（二）国际竞争力、贸易地位和跨国公司总部数量在持续下跌 / 104

（三）中小企业的营业状况及盈利表现不稳定 / 107

（四）人才流失严重，多个行业出现劳动力短缺的情况 / 108

（五）产业发展面临土地短缺、高成本及配套不足的挑战 / 109

三、2024年香港经济展望 / 109

（一）从短期看，受全球经济放缓以及利率持续高企的影响，香港的外贸出口、金融及房地产市场仍将面临挑战 / 109

（二）从中长期看，北部都会区、交椅洲人工岛及多个大型发展项目将拉动基建投资、就业及经济发展 / 110

（三）从经济结构看，推动创新科技、培育新兴产业促进经济多元
　　　发展将为香港增添新的发展动能　/ 111

（四）从未来趋势看，香港与大湾区城市及内地其他省份的合作进一步
　　　加强，将创造更多的机遇　/ 113

第五章　澳门经济：创新、多元化与可持续发展

叶桂平　娄世艳　王梓　吴铜章

一、澳门经济发展现状与特征　/ 116
　（一）整体经济大幅波动　/ 116
　（二）主导产业博彩业剧烈波动　/ 118
　（三）经济适度多元发展尚未实现　/ 120
　（四）疫情影响就业与劳动收入　/ 122
二、澳门经济发展面临的问题与挑战　/ 124
　（一）博彩业"一业独大"产业结构的问题　/ 124
　（二）澳门经济适度多元发展的主要瓶颈　/ 127
三、澳门经济可持续发展的路径及展望　/ 129
　（一）发挥澳门所长，服务国家所需　/ 129
　（二）积极参与粤港澳大湾区分工合作　/ 131
　（三）充分发挥横琴粤澳深度合作区优势　/ 132
　（四）夯实综合旅游休闲业　/ 133
　（五）持续促进新兴产业发展　/ 135
　（六）提供制度、人才与资金保障　/ 136
　（七）澳门2024年经济展望　/ 137

第六章　粤港澳大湾区：融合与发展

符正平　彭曦

一、粤港澳大湾区"硬联通"、"软联通"与"心联通"建设成效 / 138

（一）"硬联通"打通粤港澳大湾区要素自由流动障碍 / 140

（二）"软联通"利用粤港澳合作重大平台开展规则衔接与机制对接 / 142

（三）"心联通"粤港澳大湾区成为港澳人士创新创业和生活的新空间 / 144

二、粤港澳大湾区融合与发展存在的关键问题 / 146

（一）需要进一步提高要素自由流动效率 / 146

（二）规则衔接与机制对接关键是要解决服务业开放难题 / 147

（三）着力消除制约基层交流与民间社会交往的主要因素 / 149

三、促进粤港澳大湾区融合与发展的政策建议 / 150

（一）聚焦要素流动高效便利，打造粤港澳单一自贸区 / 150

（二）消除制度壁垒，解决服务业"准入不准营"难题 / 151

（三）"软性治理"推动粤港澳民间交流与合作 / 152

参考文献

第一章
当前全球发展形势及未来一个时期的趋势

> 【摘要】当前全球经济发展呈现三大特征。一是增速回落，且面临中长期进一步放缓的风险；二是经济全球化持续遭遇逆流，贸易投资的不确定性上升；三是全球发展分化严重，发展中国家复苏难度更大。当前全球经济发展面临多重挑战，包括劳动力结构失衡，疫情冲击后的持续投资低迷，地缘竞争加剧背景下的创新动能不足，以及发展领域全球治理机制失灵。展望2024年，经济全球化仍是不可逆转的历史大势，发展中国家应有效运筹全球经济治理体系改革，并抓住数字化转型和绿色低碳转型机遇，推动全球经济增长。基于9家知名机构对2024年的全球经济预测，本报告预测2024年全球经济增速的基线值为2.7%左右。

一、全球经济发展现状

（一）全球经济增长放缓，中长期前景疲软

世界经济增长大幅放缓，短期内存在一定程度的衰退风险。主要国际组织发布的数据显示，虽然2021年全球经济在疫情冲击中大幅反弹，但2022年和2023年迅速回落，中短期增长前景低迷（图1-1）。预计2024年增速略有回升，但仍将低于2000—2019年间的平均增速。全球通货膨胀率预计将从2022

年8.7%的历史高位回落至2023年和2024年的6.9%和5.8%①。失业人口从2022年的1.92亿下降至2023年的1.91亿，相当于5.3%的失业率②。全球经济短期内存在一定程度的衰退风险。世界银行对2023年和2024年全球经济增速的预测值分别为2.1%和2.4%，联合国贸易与发展会议对2023年的预测值为2.4%，均低于2.5%这一标志全球经济陷入衰退的传统阈值。

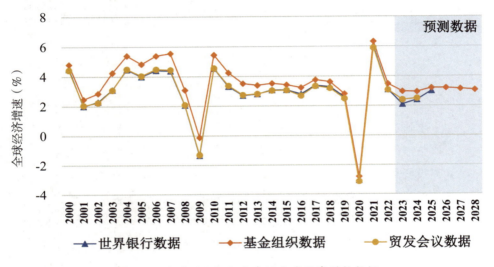

图1-1　主要国际组织发布的全球经济增长数据

资料来源：World Bank Data，World Economic Outlook Database，UNCTADstat，World Bank 2023a，United Nations Conference on Trade and Development 2023a。

全球复苏不平衡，亚太和南亚地区将保持相对较高的增速。发达经济体增速预计将从2022年的2.6%降至2023年的0.7%，随后两年将有所回升（表1-1）。美国和欧元区2023年和2024年经济增速预计将保持在较低水平，2025年回升至2.3%。新兴市场和发展中经济体总体将保持较为平稳的增长，但不同地区呈现出较为分化的增长图景。亚太地区、中亚地区2023年经济增长将提速，而中东北非、拉美加勒比等地区受外部需求疲软、金融环境收紧、通货膨胀高企、地区冲突等因素的拖累，经济增速将放缓。2024年，中亚、拉美加勒比、中东北非、撒哈拉以南非洲等地区经济增速都将回升，而亚太和

---

① 资料来源：International Monetary Fund，2023b。
② 资料来源：国际劳工组织，2023。

南亚地区则将有所下降，但仍然保持相对较高的增速。中国经济增速2023年预计升至5.6%，2024年和2025年则分别回落至4.6%和4.4%[①]。同期印度经济增速将保持在6.3%~6.5%，虽高于其他发展中国家和地区，但仍低于其疫情前水平。

表1-1 实际国内生产总值增长率

年份	2022	2023	2024	2025
世界经济	3.1%	2.1%	2.4%	3.0%
发达经济体	2.6%	0.7%	1.2%	2.2%
美国	2.1%	1.1%	0.8%	2.3%
欧元区	3.5%	0.4%	1.3%	2.3%
新兴市场和发展中经济体	3.7%	4.0%	3.9%	4.0%
东亚太平洋	3.5%	5.5%	4.6%	4.5%
中国	3.0%	5.6%	4.6%	4.4%
中亚	1.2%	1.4%	2.7%	2.7%
拉美加勒比	3.7%	1.5%	2.0%	2.6%
中东北非	5.9%	2.2%	3.3%	3.0%
南亚	6.0%	5.9%	5.1%	6.4%
印度	7.2%	6.3%	6.4%	6.5%
撒哈拉以南非洲	3.7%	3.2%	3.9%%	4.0%

注：2022年数据为估算值，2023年至2025年数据为预测值。
资料来源：世界银行《全球经济展望》报告。

全球增长中期前景疲软，新兴市场和发展中经济体尤为脆弱。 根据国际货币基金组织2023年10月发布的《世界经济展望》，2023—2028年的全球经济增速预计将降至2008年以来的最低值（图1-2）。其中发达经济体增速预计将有所抬升，而新兴市场和发展中经济体增速将连续下降。这将导致新兴市场和发展中经济体财政空间缩小，债务脆弱性上升，风险敞口扩大，复苏能

[①] World Bank, 2023a, Global Economic Prospects.

力减弱，追赶发达经济体的速度大幅放缓。预计全球多数经济体的通货膨胀率在2022年达到数十年来的峰值后，将开始逐渐回落，美国、欧元区以及其他发达经济体的通胀率预计将在2025年回落至中央银行目标水平2%附近，而新兴市场和发展中经济体的通胀率预计未来五年仍将持续处于5%以上的较高水平（图1-3）。

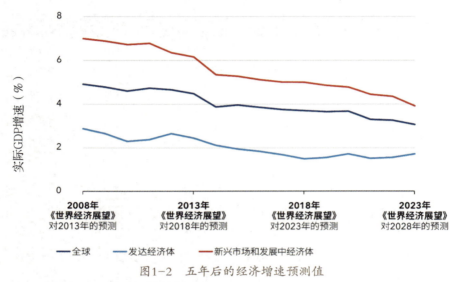

图1-2　五年后的经济增速预测值

资料来源：国际货币基金组织。

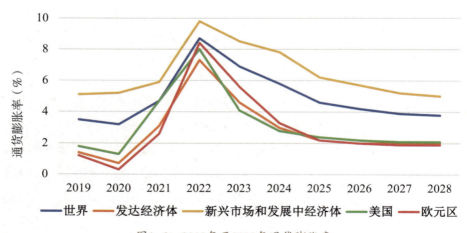

图1-3　2019年至2028年通货膨胀率

注：2023年及以后为预测数据。

资料来源：国际货币基金组织。

第一章 当前全球发展形势及未来一个时期的趋势

（二）经济全球化遭遇逆流，贸易投资不确定性上升

1. 全球贸易持续低迷

受全球金融危机、新冠疫情、乌克兰危机等地区冲突、贫富差距扩大等多重因素叠加影响，国际社会对自由开放贸易和全球化的质疑日益增长，随之而来的是保护主义抬头，摩擦冲突加剧，贸易碎片化①趋势增强。近年来，世界贸易组织成员提出的各类贸易关切数量显著增加，特别是与市场准入相关的贸易关切在2015—2022年之间增加了4倍②，与货物贸易相关的贸易关切增长了9倍，创下历史新高（图1-4），其中涉及了欧盟碳边境调节机制、美国《通胀削减法案》以及用于经济胁迫的单边贸易措施。与此同时，贸易补贴的使用也日益频繁，这从世界贸易组织统计的反补贴措施数据中可以看出来（图1-5）。

图1-4 世界贸易组织成员在货物贸易理事会上提出的贸易关切数量

资料来源：世界贸易组织。

---

① 碎片化是指从当前多边贸易体系所蕴含的合作方式转向更多的以区域和集团为基础的贸易和单边政策。其特点是贸易限制增加以及背离国际协定中的承诺。

② 资料来源：World Trade Organization, 2023。

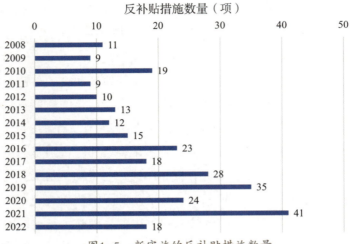

图1-5 新实施的反补贴措施数量

资料来源：世界贸易组织。

全球贸易占GDP比重近年来总体呈下降趋势。自1960—2008年，全球商品贸易占GDP的比重增长了3倍，达到51.1%的峰值（图1-6）。全球金融危机阻断了这一长期增长趋势，导致2009年下降了9.4个百分点。随后几年，这一比重虽然有所上升，但总体仍呈波动下降趋势。这既是由于全球金融危机、主要经济体贸易摩擦、新冠疫情等因素冲击所致，也与贸易结构变化等长期因素有关，包括经济活动从更为开放的制造业转向相对更封闭的服务业，从更为开放的经济体转移至相对封闭的经济体[①]。

图1-6 全球商品贸易占GDP的百分比

资料来源：世界银行。

---

① 资料来源：World Trade Organization，2023。

逐渐沿着地缘政治线分化的全球贸易将严重拖累经济增长。世界贸易组织根据外交政策相似性指数对不同国家进行划分，发现自2022年2月乌克兰危机以来，国家集团内部的贸易增速较集团之间的贸易增速高4%～6%[①]。贸易碎片化将给大多数国家造成损失。世界贸易组织的模拟表明，在全面地缘政治竞争这一最坏情景下，发展中国家和最不发达经济体受到的负面影响相当大。发展中国家经济体不会像过去几十年那样与发达国家GDP趋同，其与发达国家的差距会不断拉大，差距预计将扩大3.5%。尽管中美贸易总量2022年创下历史新高，但自2018年以来，中美双边货物贸易的平均增速远低于中美与其他伙伴的增速[②]。如果美国及经济合作与发展组织（以下简称"经合组织"）的其他国家进一步采取所谓的"去风险"策略，推动产业回流或"友岸外包"，会更严重地拖累全球的经济增长[③]（图1-7）。

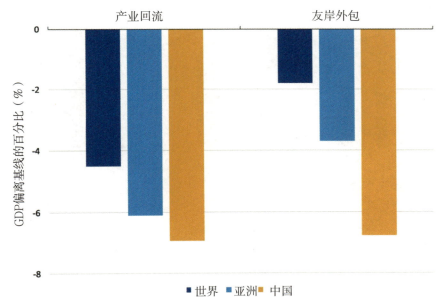

图1-7 "产业回流""友岸外包"情景下的损失
资料来源：国际货币基金组织。

---

① 资料来源：World Trade Organization, 2023。
② 资料来源：World Trade Organization, 2023。
③ 资料来源：International Monetary Fund, 2023a。

2. 全球跨境投资面临巨大下行压力

全球多重风险挑战，包括乌克兰危机、粮食能源价格高企、公共债务飙升，导致2022年全球外国直接投资（foreign direct investment，FDI）下降了12%，跌至13万亿美元[①]（图1-8）。这主要体现为发达经济体吸收的外国直接投资下降了37%，跌至3780亿美元。其中欧洲下降了310%，北美下降了25%。虽然流向发展中国家的投资增长了4%，但其实是少数大型新兴国家吸引了大部分投资，流向最不发达国家的投资实则有所下降，流向非洲的投资减少了44%。不过，实际生产性资产的国际投资趋势比总体FDI数据显示出相对更为积极的趋势，2022年宣布的绿地投资项目数量增长了15%[②]。

图1-8 2021年和2022年外国直接投资

资料来源：联合国贸易和发展会议。

国际商业环境和跨境投资环境充满挑战。 地缘政治局势仍然紧张，乌克兰危机延宕、新一轮巴以冲突爆发等给全球投资带来更多的风险。部分发达国家金融部门动荡也增加了投资者的不确定性。而在发展中国家，高企的

[①] 资料来源：United Nations Conference on Trade and Development，2023b。
[②] 资料来源：United Nations Conference on Trade and Development，2023b。

债务水平则限制了其财政空间。联合国贸易和发展会议（以下简称"联合国贸发会议"）预计，2023年全球外国直接投资将继续面临下行压力。部分国家对外国直接投资审查的趋势仍在加强。以国家安全为由进行投资审查的国家增加到37个①。在不利于投资的政策措施中，通过出台或收紧国家安全条例来影响外国直接投资的措施几乎占了一半，而这些措施大多是发达国家采取的。总体而言，实施外国直接投资审查制度的国家的外国直接投资金额在2022年占外国直接投资存量的68%。由于监管或政治方面的担忧而被撤销的并购交易数量增加了三分之一。

3. 效率优先的全球产业链供应链分工逻辑受到冲击

2008年全球金融危机特别是疫情以来，全球贸易增长缓慢，全球价值链的扩张陷入停滞，贸易主导型增长模式受到严峻挑战，全球价值链呈现缩减或分割态势②。近年来，地缘政治成为新一轮全球化的重要影响因素。一些国家以"安全"为名，提出供应链的"友岸化"、"近岸化"和"在岸化"，相继实施"制造业回流""再工业化"等战略。全球供应链脆弱性和风险性加大，成本优先、效率导向的全球化遭遇挑战，各方对供应链韧性、安全和经济循环可靠性的重视程度进一步上升，全球价值链重构并呈现本土化、碎片化、多元化趋势，全球化动力减弱。未来一个时期，由于少数发达国家在所谓经济安全名义下推行的"小院高墙""脱钩断链""去风险"措施，跨境贸易、投资及产业链供应链扩张可能进一步放缓。

（三）全球发展分化严重，发展中国家复苏难度更大

1. 南北分化：国家间发展差距扩大

发展中国家和发达国家"收入趋同"放缓。 在21世纪的头20年里，发展中国家的经济增速要明显快于发达国家，出现"收入趋同"现象。2000—2019年，发达国家年均增速为1.97%，而发展中国家年均增速为5.72%；2000年发展中国家经济总量占全球的比重只有17.59%，到2019年发展中国家经济总量的占全球比重已达36.60%。但从2020年开始，发展中国家年均增速仅为

---

① 资料来源：United Nations Conference on Trade and Development, 2023b。
② 资料来源：World Bank, 2020。

2.83%，比2010—2019年的平均水平整整低了2.5个百分点①。其中，中东和北非及撒哈拉以南非洲地区2021年的增长率仍低于发达国家平均水平。2017年至2021年期间，衡量国家间不平等的指标上升了1.2%，是近一代人中第一次上升②。国际货币基金组织2023年4月发布的《世界经济展望》对未来五年的增长预测显示，全球经济趋同率每年仅为0.5%，这意味着新兴市场和发展中经济体人均收入与发达经济体差距缩小一半所需的预期年数将从2008年4月预测的80年大幅增加至130年③。

发展中国家经济受冲击后复苏难度更大。多重外部冲击对全球所有国家和地区都产生了负面影响，但相较而言，发达国家具有更丰厚的物力财力，财政和货币政策空间更大，拥有更多更具活力的市场主体，市场更具广度和深度，经济复苏的韧性更强。发展中国家的增长轨迹被外部冲击干扰后，则面临增长动力减弱、政府债务高企、资本外流压力加大、粮食价格波动等多重风险挑战，经济复苏难度明显高于发达国家④。未来两年，新兴市场和发展中经济体的人均收入增长率预计平均仅为2.8%，比2010—2019年的平均水平整整低了一个百分点⑤。

2. 国家内不同阶层、不同群体收入差距扩大

新冠疫情大流行期间，全球最贫穷人口的收入损失百分比是最富有人口的两倍⑥。低收入者在食品和能源方面的支出比重更高，近年来的物价上涨也降低了其财富积累速度。而受益于各国政府的宏观刺激性政策，高收入者在通信、医药、金融等领域所持有资产增值明显，全球财富差距出现比收入差距更大幅度的扩大。2021年，全球最富有的10%人口占有全球财富的76%，而最贫穷的一半人口只占有全球财富的2%（图1-9）。各国内部日益加剧的不平等是导致全球需求疲软的根源之一，并将继续阻碍投资和增长⑦。

---

① 资料来源：中国国际发展知识中心，2023。
② 资料来源：United Nation, 2022。
③ 资料来源：International Monetary Fund, 2023b。
④ 资料来源：中国国际发展知识中心，2023。
⑤ 资料来源：World Bank, 2023a。
⑥ 资料来源：World Bank, 2022。
⑦ 资料来源：United Nations Conference on Trade and Development, 2023a。

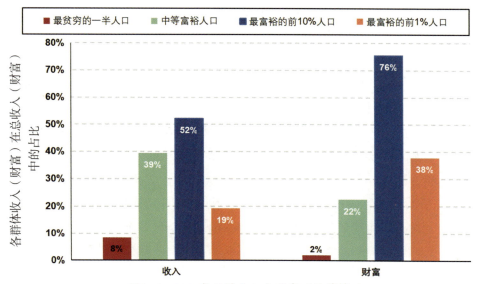

图1-9 2021年世界收入和财富不平等情况
资料来源：世界不平等实验室（World Inequality Lab）数据库。

3. 传统国际发展合作力度减弱

2022年的数据显示[①]，经合组织发展援助委员会成员（包括世界31个最大捐助国）的官方发展援助创下2113亿美元的历史新高，按实际价值计算比2019年增加了近28%。援助在短时间内大幅增长主要是由新冠疫情和乌克兰危机驱动的。除去这些因素，官方发展援助较2019年水平实际上降低了1.2%。这意味着用于发展的援助资金实际上在减少。与2021年相比，流向最不发达国家的双边援助资金减少了0.7%[②]，流向撒哈拉以南非洲地区的援助减少了7.8%[③]。由于最不发达国家对援助需求较大，这一下降将对最不发达国家发展产生严重的负面影响。与此同时，流入最不发达国家的援助资金占捐助国GNI的比重远未达到联合国可持续发展目标规定的0.15%~0.2%，仅2021年缺口就达300亿~500亿美元。

---

① 资料来源：World Bank，2023b。
② 资料来源：World Bank，2023b。
③ 资料来源：Gavas & Käppeli，2023。

二、全球经济发展面临的主要挑战

（一）劳动力失衡

全球正在全面进入老龄化时代，所有地区老年人的绝对数量和占总人口比重均在不断增长。全球65岁以上人口预计将在2021—2050年间翻一番，从7.61亿人增至16亿人，占总人口比重从约10%增至16.7%[①]。当前，欧洲和北美地区老龄人口比重最高，日本2021年老龄人口占比30%，为全球最高。未来三十年，东亚、东南亚、中亚和南亚地区65岁以上人口预计将增长超过5.4亿人，占全球老龄人口增长的60%以上[②]。到2050年，东亚和东南亚将超过欧洲成为老龄人口比重最高的地区，其中中国香港地区和韩国将超过日本，成为老龄人口比重最高的经济体。尽管西亚北非、撒哈拉以南非洲地区的人口结构相对较年轻，但未来三十年这两个地区的老龄人口数量增速预计为全球最快。与发达经济体老龄化历程相比，发展中经济体的老龄化速度更快。多数发达经济体65岁以上人口从7%增至14%花了40~120年，从14%增至21%花了20~50年，而多数发展中经济体的这两段时长预计将压缩至15~35年和10~30年[③]。快速老龄化将为发展中经济体带来更为严峻的挑战。

人口老龄化对经济增长产生多重负面影响。人口老龄化将导致劳动年龄人口占比缩小，老年抚养比上升，全社会人均产出和收入以及总产出和收入下降。有关测算显示，60岁以上人口占总人口比重上升1%，人均收入增长将下降0.26~0.54个百分点[④]。以经合组织国家为例，如果没有人口老龄化，经合组织国家在2020—2050年间的人均收入年均增长率预计将达到2.5%。然而，其人均收入年均增长率实际上将下降0.4~0.8个百分点[⑤]。随着人口老龄化，医疗保健、退休金、长期照护等成本升高，同时财政税收由于劳动年龄纳税人减少而减少，进而导致各经济体的生产能力将受到限制[⑥]。

---

① 资料来源：United Nations Department of Economic and Social Affairs, 2023。
② 资料来源：United Nations Department of Economic and Social Affairs, 2023。
③ 资料来源：United Nations Department of Economic and Social Affairs, 2023。
④ 资料来源：Kotschy, Bloom, 2023。
⑤ 资料来源：Kotschy, Bloom, 2023。
⑥ 资料来源：United Nations Department of Economic and Social Affairs, 2023。

突发危机以及就业不足等问题也对人口红利造成冲击。新冠疫情对全球教育系统造成了巨大破坏，学校停课不仅影响学生学习进度和效果，而且可能造成难以估量的终身损失。2020—2021年，全球1.47亿儿童错过一半以上的课堂教学①。数十亿儿童严重失学，1亿多儿童在阅读和其他学业方面的能力低于最低熟练水平。按现值计算，这一代儿童终身可能会损失总共17万亿美元的收入②。对于当前生育率仍远高于更替水平③的国家，如撒哈拉以南非洲、中东北非地区，如何为新生的劳动力创造稳定的就业机会将是能否抓住人口红利、实现持续经济增长的关键。

（二）投资低迷

全球市场主体进入"资产负债表修复"期，投资能力和意愿不足。除了电子消费品、生物医药、数字科技等少数行业之外，新冠疫情让全球多数公司盈利能力下降，进入"资产负债表修复"期，投资能力和边际投资意愿不足，对新增投资项目持谨慎态度④。与此同时，金融市场融资利率上升，造成企业特别是科技企业的融资能力出现下滑，减少了创新型项目的投融资活动。

持续大幅加息抬高了金融市场的融资利率，发展中国家的发展融资能力进一步受限。许多发展中国家特别是低收入国家尚未从疫情中真正恢复过来，随着发达国家提高政策利率，这些国家又面临资本流出、借贷成本上升、债务风险增加等压力，这将进一步推迟其复苏，甚至转向低增长的中期前景⑤。高利率造成的更多利息支出正在吞噬低收入国家的公共财政资源。许多国家不得不将超过其收入五分之一的资金花费在利息支付上，这使得它们几乎没有财政空间来应对下一次冲击或进行必要的投资以恢复增长⑥。

---

① 资料来源：联合国，2022。
② 资料来源：联合国，2022。
③ 更替水平指的是足以维持人口世代更新、人数不增不减的生育率水平。
④ 资料来源：中国国际发展知识中心，2023。
⑤ 资料来源：United Nations，2023。
⑥ 资料来源：World Bank，2023a。

（三）创新驱动不足

技术创新尚未形成拉动经济增长的新动能。 新技术、新概念、新模式层出不穷，但尚未形成强大有效的增长新动力。例如，元宇宙、NFT、Web 3.0等新模式在经历了一轮热潮之后，并没有展现出足够的持续发展动力，产业界和投资界的热情正在冷却。ChatGPT显著推动通用人工智能的发展和应用，发展前景为世人瞩目，但目前仍处于产业应用初期。

技术封锁、技术脱钩迟滞全球科技进步。 部分发达经济体采取技术保护主义，推动全球技术和产业"脱钩断链"。美国《芯片与科学法案》包含限制中美正常科技合作的条款，胁迫芯片企业选边站队，人为割裂全球供应链，阻碍国际科技交流合作。这些做法也诱导了其他地区推出效仿政策。日本修改《外汇与外贸法》，规定日本出口商将光刻机、化学气相沉积设备和刻蚀机等6类（23种）芯片制造设备出口至包括美国、新加坡等42个国家和地区可使用批量许可，将上述芯片制造设备出口至包括中国在内的全球其他国家和地区则需要逐案审批。此举将会给全球半导体产业链供应链的稳定运行带来冲击。欧洲议会通过《芯片法案》，要求到2030年欧盟芯片产量占全球的份额从目前的10%提高至20%，或将导致对华政策的"安全化"和保护主义倾向。

（四）全球治理失灵

全球粮食安全治理机制不足以应对日益上升的全球性风险。 受新冠疫情、地缘政治、气候变化和极端天气、经济增速放缓、通货膨胀等多重因素叠加影响，全球粮食安全形势整体恶化，特别是发展中国家面临的挑战更加严峻。全球粮食不安全人口急剧增加，中度或重度粮食不安全人数从2014年的15.4亿人增加到2021年的23.1亿人，占全球总人口的比例从21.2%上升到29.2%[①]。国际粮食贸易和供应链风险加大。新冠疫情暴发、乌克兰危机升级，2021年和2022年分别有25个和29个国家采取出口贸易限制措施，导致两

---

① 资料来源：FAOSTAT。

年间全球谷物贸易消费比从17.4%下降到17%，预计2023年下降到16.8%[①]。然而，全球粮食安全治理机制不顺畅、成效不及预期，联合国治理机制和其他多边、区域治理机制在粮食安全议题上规则不一致、协同性不足，难以有效治理日益严峻的粮食安全问题。

全球气候治理体系不足以有效应对气候变化问题。 全球温室气体排放再创新高。2021年，全球能源相关碳排放量达到了363亿吨的历史最高[②]，全球平均地表二氧化碳浓度为工业化前水平的149%[③]，浓度和年度增幅均创有系统记录以来的新高。然而，全球减排雄心不足，排放差距显著。当前各国国家自主贡献目标力度完全不足以实现《巴黎协定》2 ℃的温控目标。据测算，如需将全球变暖限制在工业化前水平以上2 ℃之内，2030年全球排放量需比2010年水平减少约25%[④]。但根据《联合国气候变化框架公约》缔约方通报的国家自主贡献、目标和承诺，从现在至2030年，全球排放量将增加近14%[⑤]。发展中国家由于生态环境、产业结构和经济社会发展水平等方面原因，适应气候变化能力普遍较弱，较发达国家受气候变化不利影响更为严重，亟须技术、资金、能力等方面的更多支持。

全球经济治理体系不公正、不完善问题日益凸显。 随着新兴经济体的群体性崛起，国际经济格局发生深刻变化，然而全球经济治理体系却并未及时进行相应调整。发展中国家在国际货币基金组织、世界银行等全球经济治理机制中的代表性和发言权仍然不足，全球经济治理体系的合法性、公平性及有效性饱受质疑。随着大国博弈加剧，全球经济治理体系加速碎片化、分裂化。发达国家意图重塑霸权地位而建立一系列正式或非正式机制，如《美墨加协定》（USMCA）、"印太经济框架"（IPEF）。而在数字经济、新能源等新兴领域，在全球治理体系尚不完善的情况下，以国家利益或国家集团利益为基础的治理规则和范式正在逐步形成，导致全球治理的分裂化[⑥]。

---

① 资料来源：中国国际发展知识中心，2023。
② 资料来源：International Energy Agency，2022。
③ 资料来源：World Meteorological Organization，2022。
④ 资料来源：Intergovernmental Panel on Climate Change，2018。
⑤ 资料来源：联合国，2022。
⑥ 资料来源：陈伟光，2023。

三、全球经济趋势和展望

（一）经济全球化是不可逆转的历史大势

经济全球化是时代潮流。经济全球化是社会生产力发展的客观要求和科技进步的必然结果，符合经济规律、符合各方利益。历史经验证明，开放带来进步，封闭导致落后。百年大变局和世纪大疫情会给全球产业分工带来改变，但效率和成本导向的分工底层逻辑不会根本转变，垂直分工（即经济技术发展水平相差较大的经济体之间的分工）和水平分工（即经济发展水平相近国家之间的分工）这两大方向不会根本改变。没有哪个国家能够长期承受得起逆全球化的代价。

世界正朝着更加开放、包容、普惠、平衡、共赢的经济全球化方向发展。泛安全化、泛政治化并不能解决全球化既有的缺陷，反而会削弱世界经济动能，增加全球发展的脆弱性。面对当前全球化出现的调整变化，既要重视各国对安全的合理关切，更应坚持共同、综合、合作、可持续的安全观，寻求全球分工合作的最大公约数，将"安全"界定在极其有限的范围内。只有坚持人类命运共同体的理念，在相互信任、相互尊重、团结合作的基础上寻求更好的全球化，才能不断推动建设开放型世界经济，让各国在安全稳定、有韧性的全球产业链供应链中分享发展红利。

（二）有效运筹全球经济治理体系改革

以金砖国家为代表的新兴市场和发展中国家实现合作发展。国际货币基金组织数据显示，新兴市场和发展中国家GDP占全球的比重从2000年的17.7%上升至2022年的38.6%。其中，金砖国家的GDP占全球比重从2000年的8.1%上升至2022年的25.8%。金砖国家在不断推动自身发展的同时，也为新兴市场和发展中国家共同发展作出了积极贡献。迄今，金砖国家倡议设立的新开发银行已批准98个项目，贷款总额超过330亿美元，为弥补全球发展融资缺口发挥了重要作用，推动了发展中国家在基础设施建设、绿色发展、新型工业化、数字经济等重点领域的进展。金砖机制实现历史性扩员，更体现了金砖国家同其他发展中国家团结合作的决心，符合新兴市场和发展中国家共同利益。

新兴市场和发展中国家在传统国际金融机构中的话语权逐步上升，并创设新机构。尽管发达国家仍主导世界银行等传统国际金融机构,但中低收入国家在世界银行所属国际复兴开发银行的占比上升至接近40%。中国在国际复兴开发银行的股权和投票权分别提升至6.01%和5.71%,居第三位,印度投票权也上升至3.1%。但应看到,包括中国在内的不少新兴市场和发展中国家在世界银行的股权和投票权被严重低估。新机构方面,亚洲基础设施投资银行实现了发达国家与发展中国家共治,新开发银行实现了金砖国家与非金砖发展中国家共享,增加了新兴市场和发展中国家的代表性及发言权,促进各国在国际经济合作中权利平等、机会平等、规则平等,使全球经济治理体制更加平衡地反映了大多数国家的意愿和利益。

推动全球经济治理机制朝着更有利于新兴市场和发展中国家的方向改变。2023年至2025年,G20主席国均由金砖国家担任。金砖国家在推动G20重视发展议程、支持发展中国家的发展上具有高度共识,有利于促进各方关注粮食和能源安全、公共卫生、经济金融稳定等发展中国家面临的迫切风险挑战,加大对发展中国家的支持。以金砖国家为代表的新兴市场和发展中国家持续推动G20发挥国际经济合作功能,建设性参与亚太经合组织等机制,将推动国际宏观经济政策沟通协调,共同维护全球产业链供应链稳定畅通,合力促进世界经济增长。

(三)抓住数字化和绿色低碳转型机遇推动全球经济增长

数字技术和数字经济应发挥引领创新、拉动增长、包容发展的积极作用。在全球经济增长面临减速甚至可能陷入衰退风险之际,要充分抓住新一轮科技革命和产业变革的机遇,激发数字技术和数字经济潜力、活力,为全球增长创造新动能。应在平衡发展与监管中拓展数字化新空间。决策者们应为数字化创新提供更多试验机会,推进医疗、教育、制造业的数字化转型,激发颠覆性技术、商业模式创新。同时应制定新的监管规则,完善全球数字治理体系。应促进数字红利惠及更多国家和群体。改善中低收入国家的数字基础设施,加快解决中低收入国家、地区和弱势群体获取数字服务的可负担性问题。多渠道为中低收入国家提供数字化技能培训,既能弥补数字化所需要的巨大技能人才缺口,也能避免数字化发展进一步加剧贫富差距。

加快绿色低碳转型,促进全球经济绿色、可持续复苏。真正落实发达国家和发展中国家"共同但有区别的责任"的合作原则。发达国家应及时履行发展援助义务，尽快落实其每年向发展中国家提供1000亿美元气候资金的承诺。促进先进绿色低碳技术在全球更大范围的推广应用，改进援助资金分配结构，加大对发展中国家清洁能源技术创新和绿色技术发展的支持力度。拓宽发展中国家融资渠道并降低融资成本，针对发展中国家的特点优化融资条件，改进国际金融机构清洁能源投资评估框架，提供更多的优惠融资方式，降低发展中国家清洁能源融资成本。

（四）全球经济增速：基于组合预测的分析

1. 全球经济增长的三个阶段

从经济增速和增长动力的变化来看，全球经济半个世纪以来经历了以下三个阶段。第一阶段为20世纪60年代到80年代末。当时发达国家的增长率普遍较高并带动了全球经济增长，使世界GDP的年均增长率达到4.1%左右。这一时期，全球经济增长的主要贡献者为美国、日本和欧盟，年均贡献率分别为25.7%、11.5%和26.0%。

第二阶段为20世纪90年代至2008年国际金融危机。美国仍是全球经济增长的最重要贡献者（贡献率为24.4%），但欧盟（贡献率为16.1%）和日本（贡献率为2.9%）的贡献减弱。发展中国家开始成为拉动增长的重要力量。其中，中国是这一阶段第二大增长引擎（贡献率为19.4%），并在2006年超过美国成为第一大贡献者（图1-10）。但由于发展中国家经济体量有限，全球经济年均增速下降至3.1%左右。

第三阶段为2009年金融危机后至今。这一阶段，全球经济年均增速为2.5%，中国对全球经济增长贡献率保持在36.1%，美国退居第二、贡献率比上一阶段下降了5.9个百分点，欧盟和日本则分别下降至8.3%和1.5%，印度、土耳其、巴西等新兴经济体对全球增长的贡献率有明显提高。

2. 预测方法论：组合预测

每一个岁末年初，全球各类机构都会对新一年全球和主要经济体的经济增长做出预测。基于不同的知识背景、各自的专业信息和独特的观察视角，各类机构之间的年度预测结果并不一致，与事后实际的增长情况也存在差别。本报告综合各类机构之所长，以这些机构的预测为基础，并根据各个机

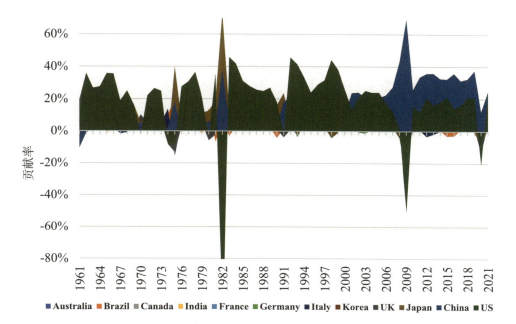

图1-10 主要国家对全球经济增长的贡献率
资料来源：根据世界银行WDI数据库计算整理。

构历史上预测的准确度设置权重，做出"组合预测"，形成对2024年全球增长的综合性预测。具体的分析步骤如下。

（1）**选取样本**。选取9家常年发表经济预测数据的全球知名机构，包括国际货币基金组织（IMF）、世界银行（WB）、经合组织（OECD）、联合国贸发会议（UNCTAD）、世界贸易组织（WTO）5家国际组织，高盛、德银2家商业机构，彼得森国际经济研究所、中国社会科学院2家智库。

（2）**评估预测**。测度上述机构在2008年至2022年上年末或该年初对当年全球经济增速的预测与真实值的偏离度，以评估其预测的准确度。

（3）**确定权重**。根据历史预测的准确度对各机构的预测能力赋予权重。对于准确度排名第5的机构赋予权重11.11%（1/9），排名每上升一位则权重增加1%，排名每下降一位则权重减少1%。预测准确度最高的机构，将获得15.11%的权重；准确度最低的机构，其权重为7.11%。

（4）**基于组合预测的分析**。根据各机构的预测权重，对2024年全球经济增速预测值进行加权平均，开展基于"组合预测"的分析。

3. 分析结果

根据2008年至2022年9家机构的预测情况，样本机构对全球经济增速的预测准确程度由高到低依次为：彼得森国际经济研究所、WTO、中国社会科学院、世界银行、德银、IMF、UNCTAD、OECD、高盛。其中，智库预测准确度较高，国际组织次之，商业机构较低。

平稳年度、冲击年度和复苏年度的预测准确度差异明显。在2011—2019年全球经济增长的"平稳年度"，各机构的预测较为准确且机构之间的差距不大，平均的偏离度为0.5个百分点。在2008年金融危机和2020年新冠疫情暴发的"冲击年度"，由于发生了非预期风险，各机构整体的预测准确度是最低的，与当年实际增速的平均偏离度分别达到了1.4和5.4个百分点（图1-11）。在冲击年度之后的"复苏年度"里，预测准确度出现分化。在2008年金融危机后，各家机构对金融危机深度和政策效果作出了比实际乐观得多的预测，2009年预测偏离度反而比2008年还要高约0.9个百分点。在2020年新冠疫情暴发后，虽然当年的预测偏离度达到了历史最高值，但随着对新冠疫情规律认识的加深，各机构在此后两年的预测准确度相较2020年有明显回升。

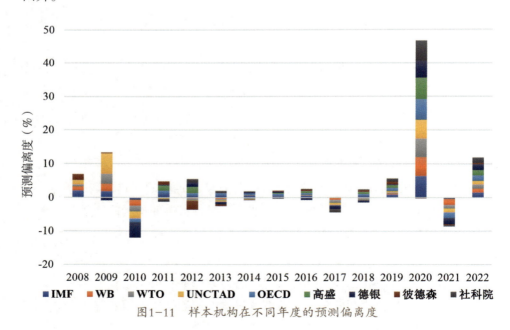

图1-11 样本机构在不同年度的预测偏离度

2024年全球经济增速预计在2.7%左右。根据上述机构近期关于2024年全球经济预测并结合其权重，我们测算2024年全球经济增速的基线值为2.7%左右。在乐观情境下，地缘政治风险趋于缓和，"逆全球化"冷流有所回暖，数字技术和绿色经济新动能进一步提升，全球经济增速会比基线值提高。在悲观情境下，地缘政治风险的影响扩大，全球化逆流加剧，发展新动能得不到较为充分的释放，全球经济增速会比基线值降低。

第二章

中国经济：现状、挑战与展望

【摘要】 2023年中国经济从疫情的冲击中持续复苏，新型工业化和城镇化继续发展，服务业从恢复性增长向内生性增长转变，区域协调性与产业分工格局进一步增强，但同时也面临房地产等需求下滑、有效投资空间收缩、国际产业链供应链调整、就业承压等一系列挑战。展望2024年，以"碳达峰碳中和"为牵引加快推动新型工业化，协同供给侧数智化转型与需求侧国内统一大市场的合力，优化投资结构、减少低效投资，发挥消费增长的内生动力作用，多措并举促进高质量就业，中国经济有条件保持稳定增长态势，进入以"质的有效提升和量的合理增长"为主要特征的新发展阶段。

一、中国经济在稳步复苏中持续推进高质量发展

（一）经济增长逐步恢复

1. GDP增速稳步加快，总体回升态势更趋明显

2023年，随着国内疫情冲击逐渐减弱，虽然外部环境更趋复杂严峻，中国经济仍持续稳步复苏，工业和服务业展现结构优化升级态势，整体恢复向好发展。前三季度国内生产总值913027亿元，按不变价格计算，同比增长5.2%。其中，一季度国内生产总值284997亿元，按不变价格计算，同比增长

4.5%，比上年四季度环比增长2.2%。一季度GDP同比增速略低于上年同期的4.8%，二季度的恢复则更加明显，按不变价格计算同比增长6.3%，远超上年同期的0.4%，三季度持续了恢复趋势，GDP同比增长4.9%，也高于上年同期的3.9%。见图2-1。消费、就业、物价、创新动能等多个领域、多项指标出现积极变化，经济恢复向好、总体回升的态势更加明显。

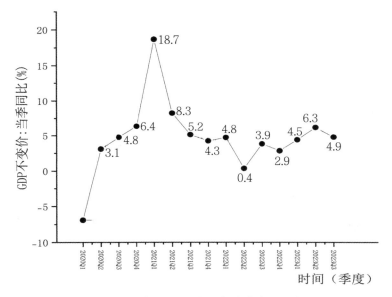

图2-1 中国GDP增长率（季度同比）

注：图中增长率为GDP不变价季度同比增长率。

资料来源：国家统计局。

工业生产稳步回升。2023年以来国家实施多项政策，多措并举促进工业经济发展并取得积极成效。一季度规模以上工业增加值同比增长3%，增幅高于去年四季度0.3个百分点，扭转了2022年10月以来持续下行态势。上半年，规模以上工业不变价增加值同比增长3.8%，二季度的月度同比增长率分别为5.6%、3.5%和4.4%（图2-2）。三季度工业不变价增加值同比增速平稳，分别为3.7%、4.5%和4.5%，使前三季度全国规模以上工业不变价增加值同比提升0.2个百分点，达到4.0%。除此之外，一系列经营指标也释放出不少积极信号：PMI重返扩张区间，PPI连续3个月降幅收窄；8月，工业企业利润当月转正；前三季度，全国工业产能利用率为74.8%，规模以上工业企业产销率为96.8%，分别比上半年提升了0.4、0.6个百分点。

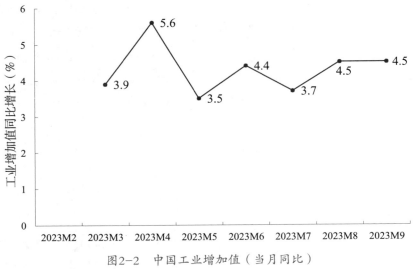

图2-2 中国工业增加值（当月同比）

资料来源：国家统计局。

服务业生产指数月度同比增加值呈现先上升后下降至趋于平稳的趋势（图2-3）。随着经济社会全面恢复常态化运行，服务业整体恢复向好，其中一季度服务业生产指数同比增长达到了6.7%，二季度服务业月度同比增速超过10%。上半年服务业增加值331937亿元，同比增长6.4%，对经济增长的贡献率为66.1%。服务业增加值占国内生产总值比重为56.0%，比上年同期高1.6个百分点。三季度服务业增速放缓，但仍高于同期GDP增速，对经济增长的支撑作用明显。

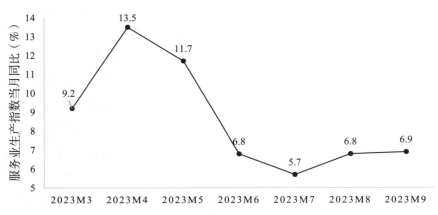

图2-3 中国服务业生产指数增长率（月度同比）

资料来源：国家统计局。

2. 固定资产投资平稳增长，区域投资差异扩大

2023年1—9月，全国固定资产投资（不含农户）375035亿元，同比增长3.1%。其中民间固定资产投资193399亿元，同比下降0.6%。截至2023年9月，固定资产投资完成额季调月度环比增长率呈现上下浮动趋势，整体来看，完成额累计值呈现平稳增长态势（图2-4）。

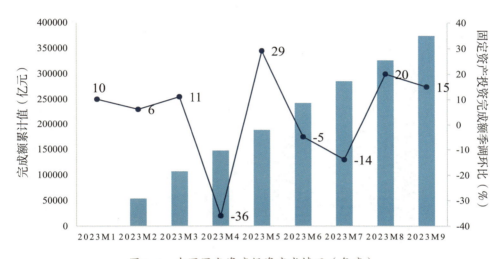

图2-4 中国固定资产投资完成情况（年度）

资料来源：国家统计局。

固定资产投资呈现产业和地区分化的特点。 从产业结构来看，第二产业增长速度较快。其中，工业投资同比增长9.0%。第三产业中，基础设施投资（不含电力、热力、燃气及水生产和供应业）同比增长6.2%。其中，铁路运输业投资增长22.1%，水利管理业投资增长4.9%，道路运输业投资增长0.7%，公共设施管理业投资下降1.2%。分地区看，东部地区投资同比增长5.4%，中部地区投资下降0.9%，西部地区投资下降0.4%，东北地区投资下降2.7%。

3. 居民消费信心增强，社会消费品零售总额回升

2023年以来，居民消费信心触底回升，消费者信心指数大幅提升。第三季度，居民消费倾向为69.8%，呈现2020年以来四年同期的最高值，并高于2019年同期的67.7%。此外，国家统计局数据显示，2023年前三季度，全国居民消费价格（CPI）同比上涨0.4%。总体来讲，物价保持温和上涨。消费已成为目前支撑整个宏观经济回升向好的一个主要拉动力。

截至2023年9月，社会消费品零售总额为342107亿元，累计同比增长6.8%。月度同比增速较上半年逐渐回落至稳定水平，9月累计环比增长0.02%，整体控制住了2023年消费下跌走势，呈现出小幅上升趋势（图2-5）。餐饮与商品修复剪刀差小幅走阔，其中，9月的餐饮收入同比增长13.8%，较8月提高1.4个百分点；商品零售同比增长4.6%，较8月提高0.9个百分点；两者增速差值较上月小幅拉开0.5个百分点。在商品零售和服务消费的共同拉动下，社会消费品零售总额"N"型复苏有望在第四季度持续。

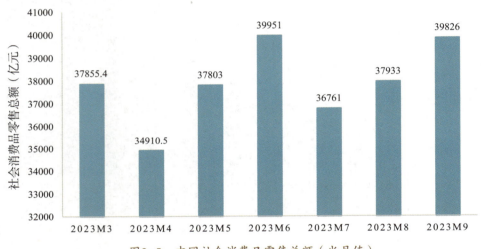

图2-5　中国社会消费品零售总额（当月值）

资料来源：国家统计局。

（二）新型工业化初见成效

1. 以"新三样"为代表的新兴产业国际竞争力持续增强

2023年前三季度，中国进出口贸易总值为308012亿元，同比微降0.2%。其中，出口176025.24亿元，同比上升0.6%；进口131996亿元，同比下降1.2%。受全球需求下降拖累，进出口贸易总体承压，但在经历了三个月的同比下降后，9月出口同比降幅已经大幅收窄，仅为0.6%，基本持平。

"新三样"产品出口表现依然亮眼，出口增势有望延续。前三季度，锂电池、电动载人汽车、太阳能电池"新三样"产品合计出口7989.9亿元，同比增长41.7%，占出口比重同比提升1.3个百分点，达到4.5%，产品出口值连续14个季度保持了两位数增长。"新三样"出口的快速增长展现出了中国出口商品结构持续优化，新兴产业在国际市场上竞争力明显提升。

2. 产业链供应链韧性和安全水平不断提高

产业链供应链是现代经济的重要形态，其韧性和安全水平反映一国经济抵抗风险能力的大小，对现代化经济体系运行具有重要影响。近年来，国际政治经济格局剧烈震动，逆全球化盛行，贸易投资保护主义使全球产业链供应链重构加速，给中国产业链供应链安全带来新的挑战和压力。中国国内市场仍存在一定程度的要素和商品流通障碍、技术和市场创新力不足等问题。但总体而言，中国近年来在提升产业链安全水平上卓有成效。

产业技术水平不断提高、产业结构不断升级。中高技术制造业增加值占比自1998年以来始终保持在40%以上。随着产业不断转型升级，中间品、资本品等高技术产品制造能力和国际竞争力持续增强。2023年，计算机集成制造技术以及航空航天技术出口金额累计同比增长率呈上升态势（图2-6）。同时，大中小企业加强融通发展。2022年，中国政府明确以创新链、产业链、供应链、数据链、资金链、服务链、人才链为着力点，构建大中小企业相互依存、相互促进的发展生态。此外，中国政府也很重视提升产业链供应链绿色低碳发展能力，持续开展绿色制造体系建设，完善绿色工厂、绿色园区、绿色供应链、绿色产品评价标准，引导企业创新绿色产品设计、使用绿色低碳环保工艺和设备，优化园区企业、产业和基础设施空间布局，加快构建绿色产业链供应链。

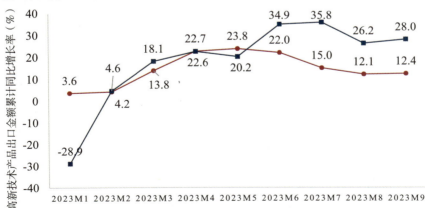

图2-6 高新技术产品出口金额增长率（累计同比）

资料说明：国家统计局。

3. 规模以上工业劳动生产率保持较快增长

得益于劳动生产率提高，前三季度中国工业经济平稳运行。从工业增加值的累计同比来看，前三季度工业恢复较快，2月实现了由负转正的跨越，8月工业企业利润总额同比上升17.2%，营业收入、利润增速均实现由负转正。工业增加值累计增速缓慢提升，1—9月相比2022年同期增长4%。与此同时，工业企业平均用工人数不断下降，1—9月相比2022年同期下降3.4%（图2-7）。比较工业增加值和用工人数可以看出，劳动生产率保持较快增长。

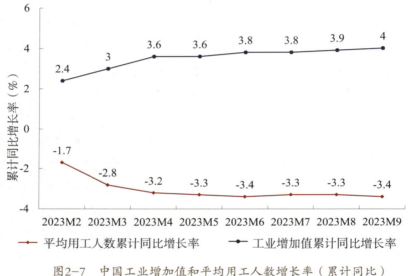

图2-7　中国工业增加值和平均用工人数增长率（累计同比）
资料来源：国家统计局。

4. 不少行业质量效益水平稳定提升

2023年以来，工业生产结构优化升级，高端制造业快速增长，装备制造业以及高技术制造业PMI平均比制造业PMI高出1.37和1.11个百分点（图2-8）。前三季度，高技术制造业投资同比增长11.3%，增速高于制造业投资增速5.1个百分点。

加快新产品新行业新业态培育。新能源汽车、光伏产品、航空航天器及设备实现高速增长，造船业三大指标继续全球领跑。截至2023年9月，新能源汽车产量同比上升16.1%，产销累计分别同比增长33.7%、37.5%。2023年9月，铁路、船舶、航天航空和其他运输设备制造业固定资产投资完成额累计同比增长3.1%，增加值累计同比增长2.6%，展现了中国对于新产品新行业的重视以及培育，体现了产业结构的优化以及行业高质量增长。

信息通信业也保持稳步增长。截至9月底，累计建成5G基站318.9万个，千兆宽带用户达1.45亿户。5G应用已融入67个国民经济大类，全国"5G+工业互联网"项目超过7000个，移动物联网终端累计达22.2亿户，超1.4亿台智能手机和智能电视完成适老化改造。

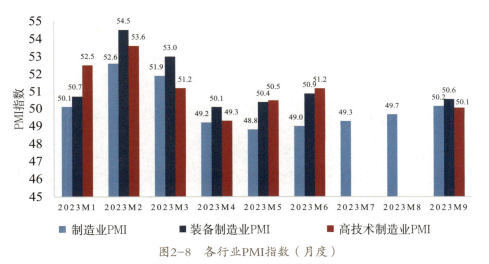

图2-8　各行业PMI指数（月度）

资料来源：国家统计局。2023年7月和8月制造装备业和高技术制造业PMI指标缺失。

（三）服务业从恢复性增长向内生性增长转变

1. 餐饮、旅游、交通等密切接触型行业恢复性增长

2023年前三季度，居民人均服务性消费支出同比增长14.2%，占居民人均消费支出的比重为46.1%，比2022年同期提升了2个百分点。居民外出购物、就餐、住宿增加，带动相关服务业增长。前三季度，批发和零售业、住宿和餐饮业同比增加迅速，整体呈现先上升后下降企稳态势，其中住宿和餐饮业增加值三季度保持在10%以上增速，体现了密切接触型行业的恢复性增长（图2-9）。第三季度，批发和零售业、住宿和餐饮业增加值同比分别增长5.1%和12.7%。前三季度消费对经济增长的贡献率明显提升，为83.2%，服务消费是其中重要组成部分，而且增速比较快，对经济增长发挥了支撑作用。

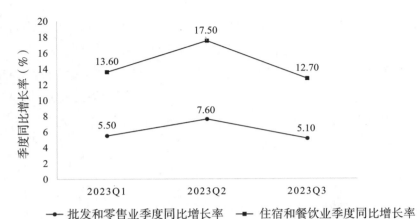

图2-9 密切接触型行业GDP不变价增长率（季度同比）
注：图中为GDP不变价季度同比增长率。
资料来源：国家统计局。

居民出行意愿增强，文旅市场恢复较快，交通行业同比增长。前三季度，交通运输、仓储和邮政业增加值均保持同比正增长，在"五一"假期以及暑假、国庆假期的带动下，二、三季度增加值同比增长较快，保持8%以上增速（图2-10）。截至8月，旅客周转量累计同比增长104.70%（图2-11）。"五一"、端午假期，全国国内旅游出游人次分别为2.74亿和1.06亿人次，按可比口径已恢复至2019年同期的119.1%和112.8%。

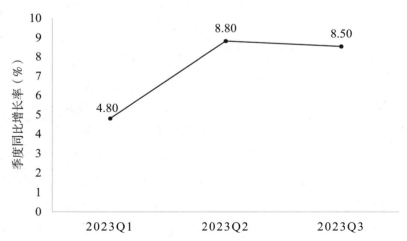

图2-10 交通运输、仓储和邮政业GDP增长率（季度同比）
注：图中增长率为交通运输、仓储和邮政业GDP不变价季度同比增长率。
资料来源：国家统计局。

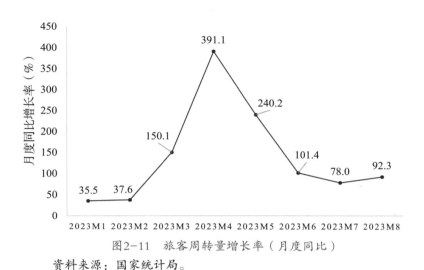

图2-11 旅客周转量增长率（月度同比）

资料来源：国家统计局。

2. 不少生产性服务业和升级性服务业特别是平台型和数字化服务业发展较快

服务业继续保持稳中向好发展态势。从服务业生产看，服务业保持较快增长，经济效益持续提高，服务业新动能加快成长。2023年3—5月，全国服务业生产指数同比增长率保持较高水平，6月以来增速回落，但仍保持稳定增长态势（图2-12）。信息传输、软件和信息技术服务业，租赁和商务服务业等现代服务业引领作用不断增强。从企业情况看，经营状况稳中有升。2023年1—9月，规模以上服务业企业营业收入同比增长7.2%，增速比上年同期高2.5个百分点，比上年全年高近3.3个百分点。9月服务业PMI指数为50.9，较去年同期高出2个百分点。

现代服务业发展活力不断释放。前三季度，信息传输、软件和信息技术服务业，租赁和商务服务业，金融业增加值指数累计分别为112.1、109.5和107.0，体现出较高的增长活力。9月，信息传输、软件和信息技术服务业，租赁和商务服务业生产指数分别同比增长11.3%和8.1%。服务业新兴领域发展向好。截至9月，高技术服务业固定资产投资累计同比增长11.80%，高出全部服务业固定资产投资11.1个百分点。

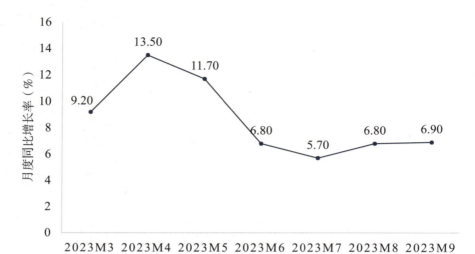

图2-12 服务业生产指数增长率（月度同比）

资料来源：国家统计局。

（四）区域经济协调发展进一步增强

1. 地区发展差距有所收窄

区域发展相对差距持续收敛。2018—2022年，中西部地区呈现快速增长态势，地区比较优势更加充分地发挥出来了。东部、东北、中部和西部地区居民人均可支配收入差距明显缩小（图2-13），由2018年的

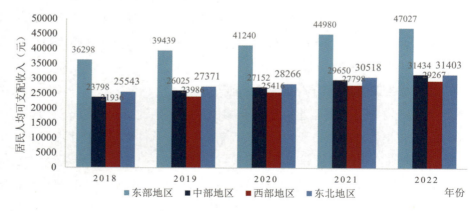

图2-13 各地区居民人均可支配收入

数据来来源：国家统计局。

1.65∶1.16∶1.08∶1缩小到2022年的1.61∶1.07∶1.07∶1。东部和中部、西部地区的GDP差异也逐渐减小，2022年，中部和西部GDP分别达到26.7万亿元、25.7万亿元，占全国的比重由2012年的21.3%、19.6%分别提高到2022年的22.1%、21.4%。2012年，东部人均地区生产总值是中部地区的1.69倍、西部地区的1.87倍，2022年分别下降至1.50倍和1.64倍。

地区基本公共服务均等化、基础设施通达程度进一步均衡。2021年，全国高中阶段教育毛入学率进一步提高至91.4%，比2012年提高了6.4个百分点。其中与教育部签订了普及攻坚备忘录的中西部10个普及水平较低的省份，毛入学率10年平均提高了17.02个百分点。中西部地区交通通达程度明显提升，与东部差距明显缩小。中西部地区铁路营业总里程占全国比重的近60%，西部地区在建高速公路、国省干线公路规模超过东中部总和，航空运输服务已覆盖全国92%的地级行政单元、88%的人口。

2. 产业分工格局有所优化

国内产业梯度转移不断推进，产业分工格局不断优化。劳动密集型产业逐步向中西部劳动力丰富、区位交通便利地区转移。技术密集型产业逐步向中西部和东北地区中心城市、省域副中心城市等创新要素丰富、产业基础雄厚地区转移。2013—2018年医药行业向东北地区转移，带动东北地区医药产值占全行业的比重提高1.84个百分点；电子信息产业转移推升中部地区、西部地区的电子行业产值，中、西部电子行业产值分别提高5.12个百分点和3.77个百分点。

高载能产业逐步向可再生能源富集地区转移。根据中国电力企业联合会和国家能源局数据，东部和西部地区用电量增速相对领先。2023年上半年，东部、中部、西部和东北地区全社会用电量分别同比增长5.7%、2.3%、5.7%和4.8%。上半年全国共有29个省份全社会用电量为正增长，其中，海南、内蒙古、青海、广西、西藏5个省（区、市）同比增速超过10%。

地区间发展差距进一步缩小，产业链安全水平进一步提升。东部地区传统产业外迁释放土地等要素空间，为引进培育高技术制造业提供支撑，通过"腾笼换鸟"实现转型升级。中、西部和东北地区，积极承接产业转移，能够充分发挥低成本劳动力和充沛能源资源等优势，助推经济增长。通过制造业有序转移，实现东部、中部、西部协同互动，进一步保障产业链安全。

二、经济发展面临内部结构转型和国际分工格局调整的多重挑战

(一)居民消费比重仍然显著偏低

1. 近年来居民消费占GDP比重有所提升,但与世界平均比重相比仍处于较低水平(图2-14)

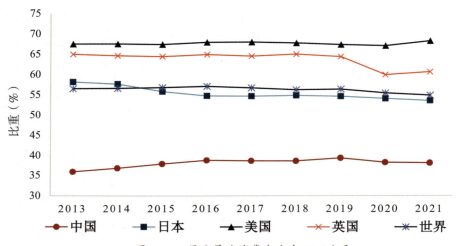

图2-14 居民最终消费支出占GDP比重

资料来源:国家统计局。

近年来,中国居民消费占GDP比重持续上升,2013—2021年,居民消费支出年均增长超过9%,居民消费支出在最终消费支出的占比稳定在70%左右,其中2021年占比为70.7%。2013—2021年,最终消费支出对经济增长的年均贡献率超过50%。其中,2021年最终消费支出对经济增长的贡献率为65.4%,是经济增长的第一驱动力。2023年三季度最终消费支出对经济增长的贡献率达94.8%。

中国的居民消费占GDP比重与发达国家和世界平均水平相比仍有一定差距。2013—2021年,中国居民消费占GDP比重与世界平均水平的差异由20.7个百分点降至16.7个百分点。随着中国经济由高速增长阶段转向高质量发展阶段,居民消费呈现多样化、多层次、多方面的特点。只有增加高质量产品和服务供给,不断提升国内供给质量水平,多渠道增加城乡居民收入,特别是

提高消费倾向高，但受疫情影响大的中低收入居民的消费能力，才能推动供需在更高水平上实现良性循环，让消费市场的潜力更加充分地释放出来。

2. 工业化和城镇化快速发展阶段基本完成以后，需求结构必须实现及时有效调整

近年来，中国工业化和城镇化水平不断提升。2022年城镇人口比重达到65.2%；第二产业增加值占GDP比重39.9%（图2-15），其中全部工业增加值突破40万亿元大关，占GDP比重达到33.2%，制造业规模连续13年居世界首位。工业化和城镇化水平已经进入新阶段。

图2-15 中国近年来工业化率及城镇化率

资料来源：国家统计局。

最终消费占GDP比重与世界水平仍有一定差距。近年来，最终消费支出占GDP比重呈现先上升后下降的趋势，2021年最终消费占GDP比重为53.9%（图2-16），仍大幅低于发达国家平均80%的水平，也显著低于改革开放后、2000年以前平均63%的水平。加快构建完整内需体系、建强国内消费市场，是构建新发展格局的重要出发点和落脚点，是"十四五"时期经济发展的重要战略基点。

2023年前三季度，最终消费支出对经济增长贡献率上升到83.2%。实施需求侧管理，有助于提振消费，提高消费在国民经济中的占比，这是构建新发展格局的必然要求。但要发挥消费对经济的持续支撑作用，必须进一步合理

引导消费、储蓄和投资，积极促进就业和优化收入分配结构，加快建设全国统一市场与实行高水平对外开放，持续释放内需潜力。

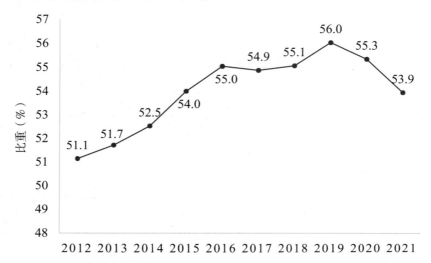

图2-16 最终消费支出占GDP比重

资料来源：国家统计局。

（二）房地产及其相关产业链可能出现收缩

1. 城镇新增人口放缓、人均住房拥有率不断攀升，房地产市场调整将是较长期的趋势

2019年以来，中国城镇新增就业人口呈现下滑趋势。根据《中国2010年人口普查资料》和国家统计局公布的《中国人口普查年鉴2020》推算，近十年来，中国城镇人均住房面积从2010年的30.3平方米增加至2020年的38.6平方米，10年间增加了8.3平方米，增加了27.4%。

商品房销售面积累计同比持续呈现负增长趋势（图2-17）。自2022年以来，多数城市的楼盘销售、库存去化率不佳。与此同时，目前房地产开发投资、土地供应下降，购房需求萎缩。在购房者方面，居民购房信心低迷、收入不及预期及信贷支撑弱、政策效果持续力不强。在房企方面，销售回款、限制政策调整、融资松绑政策的效果无法传导到投资端。在众多因素约束下，房地产行业仍将面临较长一个时期的调整。

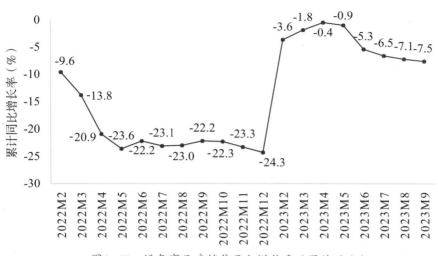

图2-17 近年商品房销售面积增长率（累计同比）

资料来源：国家统计局。

2. 与房地产建筑相关产业的规模可能出现缩减

随着近年来房地产行业面临的需求萎缩、供应下降，房地产建筑企业上下游（图2-18）也受其影响，出现了持续缩减的趋势。2023年以来建筑及装潢材料类零售额同比持续呈现负增长趋势，且其中4—5月以及7—8月保持了10%以上的负增长趋势，出现了较为明显的行业规模收缩（图2-19）。

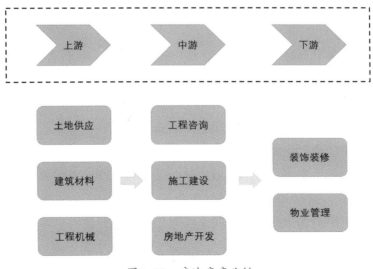

图2-18 房地产产业链

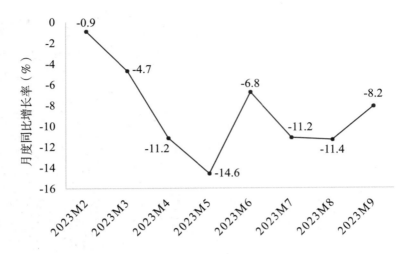

图2-19 建筑及装潢材料类零售额增长率（月度同比）
资料来源：国家统计局。

位于房地产行业上游的土地市场供地计划完成率不理想。自2023年初以来受疫情管控常态化带来的需求释放以及政策提振，100个大、中城市供应土地规划面积略有增加，但自6月开始地产销售复苏进程中断，市场需求下跌较快，城市供应土地规划面积也呈现出了较大的下跌幅度（图2-20）。

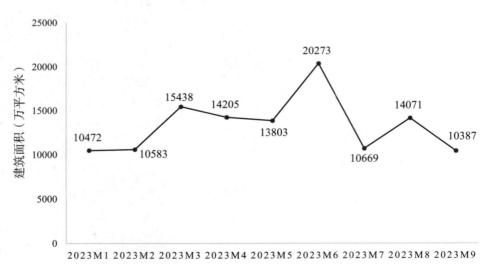

图2-20 100个大、中城市供应土地规划建筑面积
资料来源：Wind数据库。

从典型城市2023年前三季度预供地清单计划执行完成情况来看，许多二、三线城市完成情况不理想，无锡供地计划完成率为45%，合肥为43%，西安为34%，福州仅为19%，仅有上海、成都、青岛、郑州等2023年相对热门或者增量政策较为及时的城市，完成了100%的土地供应计划（图2-21）。

图2-21　典型城市2023年前三季度预供地清单计划执行情况

资料来源：CRIC。

位于房地产下游的物业服务行业延续2022年发展趋势，规模增长进一步放缓。从整体数据来看，上市物业企业营业收入均值虽在提升，但整体增速不断下滑，2022年上半年增速为21.2%，全年下降至15.9%，不及2021年的一半（图2-22）。2023年上半年增速延续下滑趋势，上半年上市物业企业营业收入均值增速仅为9.1%。

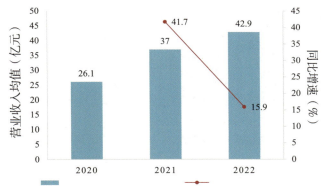

图2-22　2020—2023年上市物业企业营业收入均值及增速

资料来源：企业年报、中报。

（三）出口增长拓展难度加大

1. 全球经济增长乏力，对中国出口的需求疲软

主要国际组织发布的数据显示，虽然2021年全球经济从新冠疫情冲击中反弹，但全球经济增速的基线预测值自2022年迅速回落，远低于2000—2019年的历史平均水平。在此背景下，全球贸易的弱复苏已成为多个经济体面临的共同挑战。外需持续疲软，直接影响了中国的外贸出口，也给稳外贸外资带来了压力。

出口整体呈现先上升后下降的趋势。月度同比增速自2022年9月以来基本呈现负增长态势（图2-23）。截至2023年10月，中国2023年累计出口金额为27919.98亿美元，累计同比下降5.6%。面对挑战，应积极应对国际需求变化，进一步开拓新市场，加快供应链调整，重视以高端化、智能化、绿色化为引领的高科技应用型企业出口，促进市场多元发展、产品多样发展、业态丰富发展，努力培育竞争新优势。

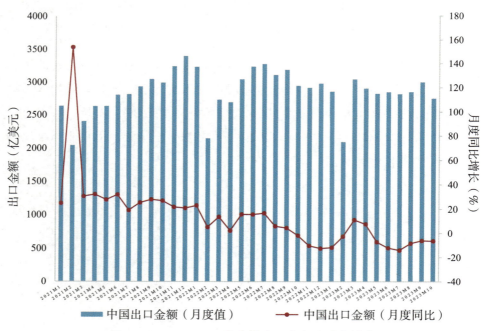

图2-23　2021—2023年中国出口金额及同比增速

资料来源：中国海关总署。

2. 发达国家以经济安全为借口不断推行外贸多元化，中国对发达国家出口增长难度加大

近年来，在贸易和科技领域，发达国家以所谓的国家安全为借口，不断制造大型新兴经济体在经贸、金融和科技等方面交流的障碍，极大地增加了国际局势演变的不确定性。在此背景下，中国对发达国家出口增长的难度不断加大（图2-24）。

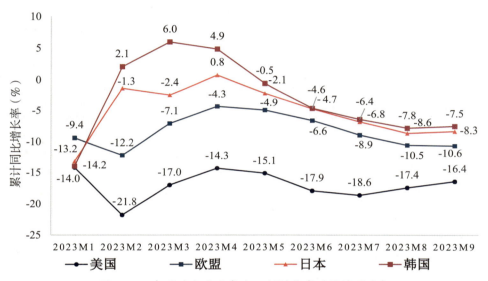

图2-24　中国对发达国家出口额增长率（累计同比）

资料来源：中国海关总署。

中国对欧盟、美国、日本和韩国等发达国家出口累计同比呈现了先上升、后下降的趋势。 对发达国家出口额占中国对外出口比重一直较高，但2023年以来，由于美欧经济增速放缓，中国对美欧等发达经济体出口产生的经济效益对中国经济的拉动作用减弱。截至2023年9月，中国对发达国家出口额出现了同比下降的情况，出口增长难度在持续加大。在此情况下，应进一步密切与第一大贸易伙伴东盟的进出口联系，包括东盟在内的亚洲区域未来有望长期担当全球经济增长的"火车头"。

3. 东南亚等后发国家生产能力正在快速发展，中国传统产品市场面临更加激烈的国际竞争

随着地缘政治和经济变化，全球价值链持续动态调整，中国正面临产业

转移的压力。近年来,西方发达国家制订并实施的制造业回流计划、美国对华持续升级的贸易摩擦、新冠疫情全球蔓延、俄乌冲突等诸多不利因素给全球价值链调整这一进程带来挑战。与此同时,一些东南亚国家近年来持续推动外向型经济发展,凭借人力、资源和政策优势不断扩大外资规模,在区域产业结构调整中获得了一定的竞争力。

东南亚国家的生产和交通物流基础设施不断完善(表2-1),低成本劳动力等生产要素和政策优势逐步显现。近五年,中国的劳动适龄人口占比持续呈现下降趋势,由2018年的71.2%下降至2022年的68.2%(图2-25)。与此同时,东南亚国家往往拥有更加低廉而丰富的劳动力和相似的工作时长,劳动

表2-1　东盟部分国家基础设施水平世界排名

国家	2018年	2019年	2020年	2021年	2022年
中国	19	16	22	18	21
马来西亚	33	28	31	32	37
泰国	48	45	44	43	44
印度尼西亚	59	53	55	57	52
菲律宾	60	59	59	59	57

资料来源:IMD《2022年全球竞争力年鉴》。

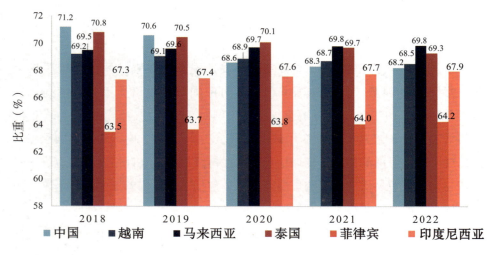

图2-25　东盟部分国家近五年15~64岁劳动人口占总人口比重
资料来源:国家统计局、世界银行。

力资源比较优势明显，这也是影响产业转移的重要因素之一。还有部分企业为了规避美国等加征的更高关税而在这一地区投资。随着东南亚地区人力资本的改进，以及政策制度与营商环境的优化，其在产品制造市场的竞争力会不断提升，中国传统产业部门未来将面临更大的竞争。

（四）保持充分就业水平面临不小困难

1. 劳动年龄人口规模缩小但总体就业压力仍然很大，每年新增大学生就业人数创新高

中国劳动年龄人口规模持续缩小。2022年末，16~59岁劳动年龄人口为87556万人，占62.0%。与2021年相比，减少了666万人，占比下降0.4个百分点。另外，中国人口总量较大，对就业市场持续形成压力。2022年，需在城镇就业的新成长劳动力近1600万人，加上近千万城镇登记失业人员，就业总量压力仍较大。

2023年以来城镇调查失业率持续保持在5%以上水平（图2-26）。近十年来，中国普通高校毕业生人数持续增长（图2-27），且保持着较快的增速，应届毕业生就业面临较大的压力。要解决就业难和劳动力市场的错配问题，进一步降低失业人口比例，必须稳定和扩大就业岗位，应特别关注高校毕业生等青年就业。要通过多方拓展就业渠道，完善市场化就业政策措施，更大

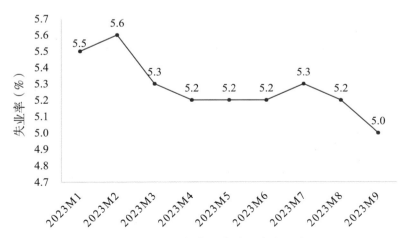

图2-26　2023年中国城镇调查失业率

资料来源：国家统计局。

力度挖掘各类企业特别是中小微企业岗位潜力。要强化就业导向，适应市场需求，开展重点群体重点行业专项培训，为经济高质量发展、产业转型升级提供技能人才支撑。

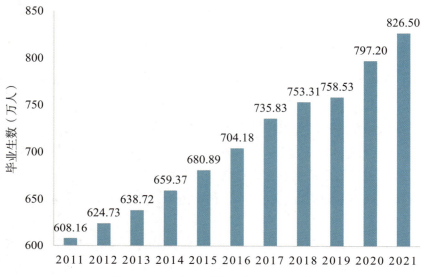

图2-27　近年中国普通高校毕业生数

资料来源：国家统计局。

2. 数字化智能化转型给不少就业岗位带来冲击

数字化高技能人才短缺问题日益突出。中国是全球第二大数字经济体，截至2022年，数字经济规模达50.2万亿元，总量稳居世界第二，占GDP比重提升至41.5%，数字经济成为稳增长促转型的重要引擎。随着数字化智能化产业的迭代升级，企业对低技能工人的需求持续下降，对高技能人才的需求不断增加，需求和供给产生错配，就业难与用工难并存。需要大力培养"数字工匠"，为推进产业数字化、数字产业化，建设数字中国提供强有力的人才支撑。

全国总工会统计数据表明，中国高技能人才数量从2016年底的4791万人增长到2021年底的6000万人，但仍供不应求。全国技能人才总量超过2亿人，其中具有技术等级的仅占三成，初级工、中级工占比73%，高级工非常缺乏。与此同时，产业转型可能带来人力资源供给与岗位需求的结构性矛盾，导致传统产业工人相对过剩，低技能群体、老年人、失业者等弱势群体缺乏学习机会，进一步扩大了技能差距，造成了"数字鸿沟"。

（五）防范化解重大经济金融风险，挑战依旧严峻

1. 金融领域存在一些值得高度关注的潜在风险

中国近年来不断加强和完善金融监管，在防范化解重点领域金融风险方面，取得了重要阶段性成果。尽管如此，仍存在一些必须关注的潜在风险。

中、小银行等金融机构存量风险仍然相当突出。 中、小银行总体呈现出"数量多、质量弱"的特征。据《中国金融稳定报告（2022）》，366家金融机构处于"高风险状态"，占比8.3%，资产规模达5.61万亿元，占银行业资产的1.55%。相较于国有大银行和股份制商业银行，中、小银行的盈利能力普遍较弱，许多中、小银行的资产负债结构失衡，股东股权管理和公司治理方面存在缺陷，抗风险能力不足，而且高风险机构聚集。

房地产、地方融资平台的各类隐性负债居高不下。 房地产行业联动性风险在2022年大幅上升后一直保持在高位，房地产企业仍然面临较大的发展压力。截至2023年9月底，地方政府债务余额增至38.90万亿元，债务分布不均，一些地方面临较大的还本付息压力。此外，非法金融活动的风险仍需进一步遏制。一些地区和领域非法集资、非法网贷、高利贷等金融行为不断泛滥，严重扰乱了金融市场秩序，损害了人民群众的利益，加剧了社会融资负担，对经济社会稳定产生了影响，已经成为威胁国家金融安全的系统性风险隐患。

2. 地方政府债务总体可控但也存在多种风险隐患

当前地方政府债务总体可控，但也存在总规模增长较快、地方债务占中国政府总债务的比重较高、地方债务中隐性债务占比较高、部分地区偿债压力大等问题。

地方政府债务呈上升趋势。 2023年1—9月，全国发行地方政府债券7.08万亿元。截至2023年9月末，全国地方政府债务余额38.90万亿元，控制在全国人大批准的限额之内。其中，一般债务14.97万亿元，专项债务23.93亿元（图2-28）。2022年末，全国地方政府债券余额为35.07万亿元，其中，一般债务余额约14.40万亿元，专项债务余额约20.67万亿元。地方政府债务总体上仍控制在限额以内，但余额规模和增速呈上升趋势，反映了地方政府在偿债能力方面有所不足。

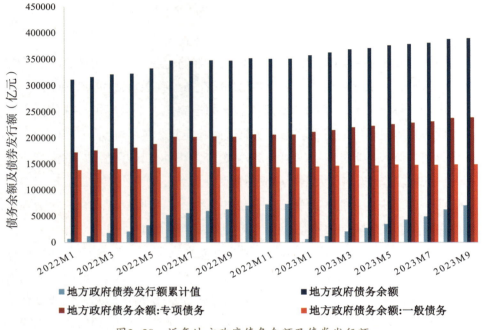

图2-28 近年地方政府债务余额及债券发行额

资料来源：中国财政部。

地方财政的结构性压力非常突出。 从隐性债务占比看，2022年中国的地方债（含隐性地方债）占GDP的比例高达74%[①]，要高于国际通行的60%的警戒线。城投有息债等隐性债务的融资成本更高，且还债期限更短，增加了地方政府的融资成本和还债压力。从偿债压力看，房地产市场下行，造成地方政府土地出让金收入增速总体呈下降趋势。大规模减税降费、疫情期间政府财政大量支出都增大了地方政府一般性预算平衡的难度。2023年1—10月，全国政府性基金预算收入43795亿元，同比下降16%。地方政府性基金预算本级收入40378亿元，同比下降16.8%，其中，国有土地使用权出让收入34992亿元，同比下降20.5%。

---

① 资料来源：中国金融四十人论坛，见http://www.cf40.org.cn/news_detail/13386.html。

三、深化改革开放持续增强经济发展内生动力

2023年，中国经济从疫情防控的特殊阶段转向正常发展的新阶段，居民消费和投资逐步回升，全年经济稳定恢复，呈现向好的总体态势。2024年，中国经济仍具有市场规模大、创新能力强、产业基础完备、新兴产业发展快等诸多优势，充分激发这些潜力，将有效促进经济更好地转向高质量发展轨道。

（一）化挑战为机遇，以"碳达峰碳中和"为牵引加快推动新型工业化

在全球加快应对气候变化大背景下，中国本来处于能源结构偏煤、工业结构偏重的阶段，特别是面临完成工业化阶段晚、绿色转型时间短等重大挑战。但近年来，中国在绿色低碳产业上取得了巨大进展和快速发展，绿色低碳转型有可能成为经济发展新的重要动力。

1. 在全球绿色低碳转型中，中国面临资源短缺和后发国家窗口期短等系列挑战

认识到工业革命以来经济快速发展带来了温室气体排放急剧增加，并很可能给全球气候环境带来沉重代价，国际社会从1979年的第一次世界气候大会开始，持续推动温室气体减排。以1992年通过的《联合国气候变化框架公约》、1997年通过的《京都议定书》、2015年通过的《巴黎协定》为框架，全球主要经济体已经形成了在21世纪下半叶实现温室气体净零排放的共识，开启全球产业绿色低碳转型的新时代。各国政府纷纷提出了具体的碳减排计划安排，截至2023年，全球已经有138个国家设定了碳中和目标。2020年，中国在第七十五届联合国大会一般性辩论上宣布，将力争在2030年前实现碳达峰，努力争取在2060年前实现碳中和。

能源结构偏煤是中国绿色低碳转型的天然难题。 与其他国家相比，中国在实现碳达峰碳中和方面的挑战首先在于能源结构偏煤。2022年，中国一次能源消费中，煤炭占比仍高达55.5%，而其他主要国家中，美国仅为10.3%，英国和法国不到3%，德国较高（只有18.9%），亚洲的日本和韩国分别为27.6%和22.6%，也只有中国的一半（表2-2）。

表2-2 2022年世界主要国家一次能源消费结构

国家	石油	天然气	煤炭	核能	水电	可再生能源	合计
加拿大	30.2%	31.0%	2.8%	5.5%	26.4%	4.2%	100.0%
墨西哥	47.2%	39.9%	2.9%	1.1%	3.9%	5.2%	100.0%
美国	37.7%	33.1%	10.3%	7.6%	2.5%	8.8%	100.0%
阿根廷	38.3%	45.6%	1.4%	1.9%	6.1%	6.7%	100.0%
巴西	37.4%	8.6%	4.4%	1.0%	29.9%	18.9%	100.0%
智利	44.7%	15.1%	12.3%	—	11.7%	16.2%	100.0%
奥地利	35.0%	20.4%	7.3%	—	24.1%	12.4%	100.0%
比利时	47.3%	21.2%	4.9%	15.9%	—	10.6%	100.0%
芬兰	28.0%	3.4%	10.2%	19.5%	11.0%	27.1%	100.0%
法国	34.7%	16.4%	2.5%	31.6%	5.0%	9.7%	100.0%
德国	34.6%	22.6%	18.9%	2.5%	1.3%	19.9%	100.0%
意大利	40.2%	38.3%	5.0%	—	4.2%	12.4%	100.0%
荷兰	50.3%	27.7%	6.5%	1.1%	—	14.4%	100.0%
英国	36.5%	35.4%	2.9%	5.9%	0.7%	18.6%	100.0%
澳大利亚	34.6%	25.1%	25.9%	—	2.7%	11.7%	100.0%
中国	17.7%	8.5%	55.5%	2.4%	7.7%	8.3%	100.0%
印度	27.6%	5.7%	55.1%	1.2%	4.5%	5.9%	100.0%
印度尼西亚	31.3%	13.6%	44.8%	—	2.7%	7.6%	100.0%
日本	37.1%	20.3%	27.6%	2.6%	3.9%	8.6%	100.0%
马来西亚	35.7%	36.8%	19.4%	—	6.4%	1.9%	100.0%
韩国	43.0%	17.5%	22.6%	12.5%	0.2%	4.1%	100.0%
越南	22.4%	6.1%	44.7%	—	19.6%	7.2%	100.0%
全球统计	31.6%	23.5%	26.7%	4.0%	6.7%	7.5%	100.0%
经合组织	37.5%	27.6%	12.3%	6.9%	5.6%	10.0%	100.0%

资料来源：Energy Institute，《2023世界能源统计年鉴》。

中国实现从碳达峰到碳中和的时间严重短于其他发达国家。世界主要发达国家完成工业化的时间早，不少也早已经实现了碳排放达峰，进入碳减排的阶段。例如，欧盟在1990年前后实现了碳达峰，美国、加拿大等在2007年前后实现了碳达峰，日本、韩国等在2013年实现了碳达峰，这些国家从碳达峰到2050年实现碳中和，约有40年甚至更长的时间（表2-3）。中国力争在2030年前实现碳达峰，约比欧盟实现碳达峰晚约40年，比美国晚约23年，比日本、韩国晚约17年。中国努力争取在2060年实现碳中和，仅比发达经济体实现碳中和晚约10年。

表2-3 不同国家和地区碳达峰及碳中和时间

国家和地区	碳达峰时间（年）	碳中和时间（年）
美国	2007	2050
欧盟	1990	2050
加拿大	2007	2050
韩国	2013	2050
日本	2013	2050
澳大利亚	2006	2050

资料来源：经济合作与发展组织（OECD）。

2. 中国在光伏风电、新能源汽车等产业领域已具有较强国际比较优势

经过十几年的发展，光伏产业已成为中国少有的形成了国际竞争优势、实现了端到端自主可控，并有望率先成为高质量发展典范的战略性新兴产业，也是推动中国能源变革的重要引擎。

光伏风电产业成为产业链供应链相对完备、具有国际竞争力的行业。 光伏产业在制造业规模、产业化技术水平、应用市场拓展、产业体系建设等方面均位居全球前列。在制造端，主要环节产量在全球占比均超过2/3，产值突破7500亿元，其中，多晶硅、组件产量分别连续11年、15年位居全球首位。在关键核心技术领域，多项技术已经处于全球领先水平，截至2023年，中国光伏专利申请量占全球光伏专利总申请量的80%左右。从十年前原材料、设备、市场"三头在外"，到如今占据全球主导地位的"多项第一"，中国光伏产业链国际竞争优势凸显。

中国风电产业也发展成了产业链供应链相对完备、具有国际竞争力的"明星"行业。在机组大型化、漂浮式风电等方面实现对国外先进水平的反超，大功率机组主轴轴承、超长叶片等关键部件不断取得突破。已具备大兆

瓦级风电整机、关键核心大部件自主研发制造能力，建立了具有国际竞争力的风电产业体系，低风速风电技术位居世界前列，国内风电装机90%以上采用国产风机，10兆瓦海上风机开始试验运行。全产业链集成制造有力推动了风电成本持续下降，近十年来，风电项目单位千瓦造价从8000元降至4000元左右，降幅约50%。风力发电机、齿轮箱等关键零部件占全球市场份额的70%，中国的全球最大风机制造国地位得到持续巩固加强。

因产业规模、品质优势连续8年稳居全球新能源汽车产销规模第一。2022年，中国新能源乘用车销量649万台，占全球新能源乘用车销量1031万台的约63%。2023年1—7月，中国新能源乘用车销量占世界新能源乘用车的61%。2023年上半年，中国汽车出口214万辆，同比增长75.7%，其中新能源汽车出口53.4万辆，同比增长160%；中国汽车出口量超过日本，跃居世界首位，出口攀升意味着品牌国际认可度的提升，产业优势越发明显。

表2-4显示了2022年光伏、风电和新能源汽车领域全球十大龙头企业的分布情况。在光伏领域，中国占据了前10中的8席；在风电整机领域，中国企业占据了前10中的6席；在新能源汽车领域，中国占据了前10中的6席，说明中国在这些领域取得了较强的领先优势。

表2-4 2022年光伏、风电和新能源汽车领域全球十大龙头企业的分布情况

序号	全球十大光伏组件厂商		全球十大风电整机企业		全球十大新能源乘用车企业	
	企业	出货量（GW）	企业	装机容量（GW）	企业	全年销量（万辆）
1	隆基绿能（中国）	46.76	金风科技（中国）	12.7	比亚迪（中国）	184.8
2	晶科能源（中国）	44.33	维斯塔斯（丹麦）	12.3	特斯拉（美国）	131.4
3	天合光能（中国）	43.09	通用电气（美国）	9.3	上汽通用五菱（中国）	48.2
4	晶澳科技（中国）	38.1	远景能源（中国）	8.3	大众（德国）	43.4

续表

序号	全球十大光伏组件厂商		全球十大风电整机企业		全球十大新能源乘用车企业	
	企业	出货量（GW）	企业	装机容量（GW）	企业	全年销量（万辆）
5	阿特斯（中国）	21.1	西门子歌美飒（法国）	6.8	宝马（德国）	37.3
6	东方日升（中国）	13.5	明阳智能（中国）	6.8	奔驰（德国）	29.4
7	正泰（中国）	13.5	运达股份（中国）	6.4	广汽（中国）	27.2
8	First Solar（美国）	9.4	恩德能源（德国）	4.7	上汽（中国）	23.8
9	Q Cells（韩国）	—	三一重能	4	长安	23.7
10	通威（中国）	7.94	中车风电	3.2	奇瑞（中国）	23.1

资料来源：PV-Tech《2022全球Top10光伏组件供应商排名》；彭博新能源财经；CleanTechnica（包含纯电动和插电式混合动力）。

3. 中国新能源产业有望加快发展并成为促进经济发展的重要动力

在进一步加快能源转型，实现"2030碳达峰、2060碳中和"战略目标的背景下，中国的新能源产业在今后相当长时期内有望进一步加快发展。2010—2022年，中国光伏组件产量从10.8吉瓦（GW）增长到294.6 GW，年均增长速度达到31.7%（图2-29）。从光伏新增装机容量口径来看，2022年光伏新增装机容量达到87.41 GW，创历史新高，占当年能源新增装机容量比重已达到43.76%，光伏新增装机容量已接近能源新增装机容量一半的比重。未来，在光伏产业相关政策不断完善的基础上，国内光伏新增装机量有望持续增长，保守情况下预计2030年中国光伏新增装机量将达到105 GW，乐观情况下将达到128 GW。

国内市场多点开花的同时，海外市场也在加速拓展，光伏产品成为中国外贸出口新亮点。2022年，中国光伏产品出口额超过512亿美元，同比增长超过80%。从量上看，光伏组件出口约153.6 GW，硅片出口约36.3 GW，电池片出口约23.8 GW，分别同比增长55.8%、60.8%、130.7%。

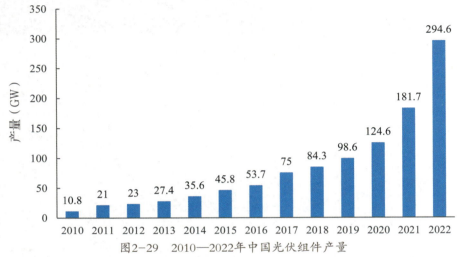

图2-29　2010—2022年中国光伏组件产量

资料来源：中国光伏行业协会《2022—2023年中国光伏产业发展路线图》等。

（二）供给侧加快数字化智能化转型，需求侧激发国内统一大市场的巨大潜力

1. 中国已具有大规模推进数字化智能化转型的有利条件

世界经济在经历蒸汽时代、电力时代和信息化时代后，正在迈入一个更加智能化的时代，有的称之为工业4.0，也有的称之为新一轮科技革命和产业变革，其中涉及的关键技术包括云计算、大数据、物联网、移动互联网、人工智能、量子技术、3D打印、5G等。2020年，联合国工业发展组织对全球各国的数字技术水平进行综合比较，认为中国的数字技术水平处于全球第一梯队，在生产数字化和数字化产业发展中具有一定的优势。此外，数据要素在生产中的作用也更加突出，中国制造业增加值占全球的比重为30%左右，生产规模远远超过其他国家，生产中积累的数据要素优势非常突出，虽然这些数据在促进生产方面的作用还没有充分发挥，但在不少领域已经起到了越来越大的作用。

虽然中国没有在前几次工业革命中抓住机会，但在新一轮科技革命和产

业变革中已经居于全球较先进位置,这为中国进一步提高各产业的现代化水平提供了重要的技术保障。以智能制造技术的代表——灯塔工厂为例(灯塔工厂指那些大规模应用第四次工业革命中的技术,积极推动工厂、价值链和商业模式转型的制造厂商,由世界经济论坛和麦肯锡合作评选),截至2023年1月13日,全球共有132家工厂入选灯塔工厂,分属于76家公司,这76家公司中排名前三的是中国、美国、德国,分别占比26.3%、25.0%、10.5%,其中中国共20家公司拥有灯塔工厂,在全球居于领先地位(图2-30)。

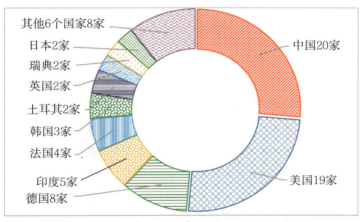

图2-30 2023年各国拥有灯塔工厂的企业数量

资料来源:World Economic Forum发布"Global Lighthouse Network:Shaping the next Chapter of the Fourth Industrial Revolution",2023年1月。

2. 深化改革开放,充分发挥全国统一大市场的拉动作用

巨大且统一的大市场可以给经济发展带来多方面的重要作用。全国统一大市场可以有效提高各产业的规模经济性。很多行业都具有规模经济的特征,市场规模越大,生产越可以通过大规模的干中学效应提高技术和管理水平,还可以形成完善的产业配套条件以提高产业链水平。全国统一大市场可以有效发挥对关键核心零部件攻关的需求拉动作用。很多关键核心零部件都是通过持续迭代更新,在应用中不断改进既有产品的缺陷,不断提高可靠性、稳定性、精度等参数而逐步发展起来的,建立稳定的应用市场,是很多关键核心零部件发展绕不过去的途径。

超大规模且统一的全国大市场为新兴产业的发展创造了非常有利的基础

条件。超大产业规模一方面有利于企业通过规模经济摊薄研发和创新成本，从而形成相对于其他国家的另一种低成本优势；另一方面还可以产生技术路线选择上的优势。很多战略性新兴产业发展初期，其技术路线往往具有不确定性，例如在新一代彩电的发展过程中，就出现过等离子与液晶两种路线之争，而超大规模有利于企业同时对多种技术路线进行研发、试错，具有更大的成功可能性，可以显著降低因为选错技术路线而丧失产业发展机会的风险。移动通信是另一个有说服力的领域。

（三）优化投资结构减少低效投资，进一步发挥消费增长拉动经济增长的基础性作用

1. 优化投资结构可以有效提升投资效率

固定资产投资增长速度显著下滑，但投资水平整体仍处于高位。 自2012年以来，中国投资增长速度从20.7%持续下滑，到2015年降至10.0%，2019年降至5.4%，2022年为5.1%，2023年1—10月降至2.9%（累计同比）。因此，不少人认为中国投资增长对经济发展的贡献弱化，需要着力提高投资增长速度。但从投资占GDP比重的国际比较看，中国的投资率并不低。图2-31显示

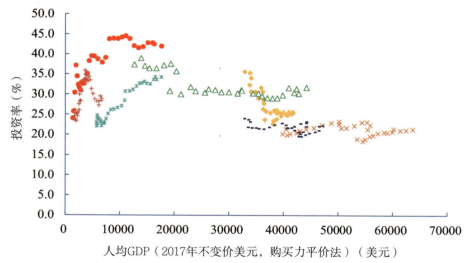

图2-31 中国和其他国家投资率（固定资本形成/GDP）比较
资料来源：世界银行。

了中国投资率和其他一些国家的比较,在当前中国人均GDP（2017年不变价美元,2021年为1.7万美元）的发展水平上,中国的投资率为42.0%,韩国的投资率较高,当时约为37.1%,全球平均值为26.0%左右。

需要进一步优化投资结构、提高投资效率。从内部结构看,近年来中国投资越来越依赖于基础设施建设和房地产投资,民间投资和制造业投资增长率出现了较大幅度下降,投资效率和资本回报率不断下滑,造成社会全要素生产率低下,不利于中国经济高质量发展。从投资主体看,政府基础设施投资占比上升,企业投资占比逐渐下降;从规模看,大型企业单位资产投资额较多,中小型企业单位资产投资额较小。当低效率主体（部门、行业、地区）投资过剩,而高效率主体（部门、行业、地区）投资不足,资源配置效率将恶化,造成投资的结构性动态无效率。

中国投资结构仍然存在较大的优化空间。一是制造业本身的投资空间较大。中国制造业仍处于向中高端升级的阶段,通过技术改造进一步提升产品质量的需求很大,推进数字化智能化绿色化升级的空间也仍然较大。

二是生产性服务业特别是商务服务业仍然有巨大发展空间和投资潜力。中国在交通运输、邮电和信息服务、金融保险等产业与其他国家的发展差距较小,差距较大的主要是商务服务业（包括法律和会计服务、管理咨询、科学研究与发展、检验检测、广告业与市场调研、设计等）。2018年,中国商务服务业增加值占制造业增加值的比重仅为7.9%,大幅度低于相似发展阶段的其他国家,例如2018年墨西哥这一比重为13.4%,土耳其为11.8%,阿根廷为21.1%,巴西为39.4%,智利为45.8%。在人均GDP 3万美元的水平上,商务服务业增加值占制造业增加值比重的平均值为35.0%,中国目前仅为这一均值的22.6%（图2-32）。总体来看,商务服务业不够发达是当前现代化产业体系中的重要薄弱环节。

三是在新型基础设施方面也有很大的投资需求。新型基础设施主要包括信息基础设施、融合基础设施和创新基础设施三大类。每一类又细分出很多具体领域,比如信息基础设施包括以5G、物联网、工业互联网、卫星互联网为代表的通信网络基础设施,以人工智能、云计算、区块链等为代表的新技术基础设施,以数据中心、智能计算中心为代表的算力基础设施等。以新能源基础设施为例,中国在光伏风电等新能源电力发展中已经取得了突破,迈

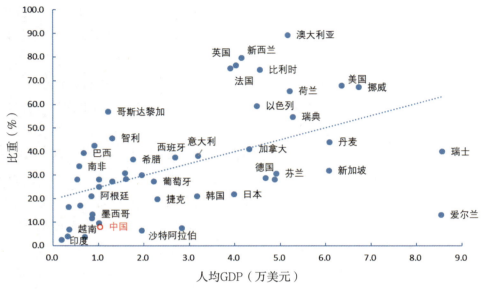

图2-32　2018年中国和其他国家商务服务业增加值占制造业比重
注：2018年的数据为可获得的最新数据。
资料来源：OECD数据库。

入了快速发展的新阶段，但在新型储能设施、新型电力系统、新型输配送设施等方面仍处于起步阶段。根据新能源发展规划，"十四五"期间新能源整体相关投资规模约为6.1万亿元，其中风、光、水、生物质等电源投资约3.4万亿元，抽水蓄能等调节基础设施约需投资1.7万亿元，输电通道约需投资1万亿元。按照适度超前的思路布局，今后每年新能源基础设施相关总投资预计将可达到1.7万亿元左右，其中，电源占比50%左右，电网建设占比约36%，调节能力建设占比14%。

2. 落实促进消费增长举措，发挥其拉动经济增长的基础性作用

建立和完善扩大居民消费的长效机制。2023年7月，国务院办公厅发布了《关于恢复和扩大消费的措施》，从稳定大宗消费、扩大服务消费、促进农村消费、拓展新型消费、完善消费设施、优化消费环境等多方面进行了政策优化和部署。真正贯彻落实好有关重要指示，落实好已经出台的各项政策，使居民有稳定收入能消费、没有后顾之忧敢消费、消费环境优获得感强愿消费，就可以有效激发国内需求，增强经济增长的内生活力。

从2023年几个重要节假日的消费看，中国居民文旅方面的消费已经稳

定超过疫情前的2019年。经文化和旅游部数据中心测算，2023年"五一"假期全国国内旅游出游合计2.74亿人次，同比增长70.83%，按可比口径恢复至2019年同期的119.09%；实现国内旅游收入1480.56亿元，同比增长128.90%，按可比口径恢复至2019年同期的100.66%。2023年端午节假期，全国国内旅游出游1.06亿人次，同比增长32.3%，按可比口径恢复至2019年同期的112.8%；实现国内旅游收入373.10亿元，同比增长44.5%，按可比口径恢复至2019年同期的94.9%。2023年中秋节、国庆节假期，国内旅游出游人数8.26亿人次，同比增长71.3%，按可比口径较2019年增长4.1%；实现国内旅游收入7534.3亿元，同比增长129.5%，按可比口径较2019年增长1.5%。

（四）多措并举促进高质量就业，增强经济发展内生动力

良好的就业状况既是经济发展较好的最重要成果和直观表现，也是经济增长质量高、内生动力强的支撑因素。只有实现充分且高质量的就业，才能促进居民收入不断提高，从而实现内需扩大的国内大循环顺畅发展。

1. 重视发展服务业，不断扩大就业岗位需求

近年来，中国工业部门出现了机器换人加快和就业总量减少的现象，并在一定程度上引发了公众对数字化智能化发展是否会对就业产生过大冲击的担忧。但从其他国家经验看，工业化基本完成后，一、二产业就业比重大幅度减少，而服务业就业显著增长是普遍规律。图2-33显示了美英等11个国家在人均GDP1万至3万美元时期就业结构的变化。由图可见，总体上各国农业和制造业的就业比重有大幅度下降。11个国家制造业就业比重平均值从期初的26.0%下降到期末的16.5%，下降了9.5个百分点。采矿业和建筑业的就业比重也有所减少。在就业增长的行业中，租赁和商务服务业就业比重增长最多，11个发达国家平均增加7.0个百分点左右；其次是健康和社会工作，平均增加了4.0个百分点。文化体育娱乐及其他服务业的就业比重平均增加了2.0个百分点，住宿餐饮业平均增加了1.7个百分点。

根据国际经验，当前中国要进一步创造就业机会，核心是发展服务业，特别是加快发展租赁商务服务业、健康和社会工作、文体娱乐及其他服务业等就业密集型的服务业。

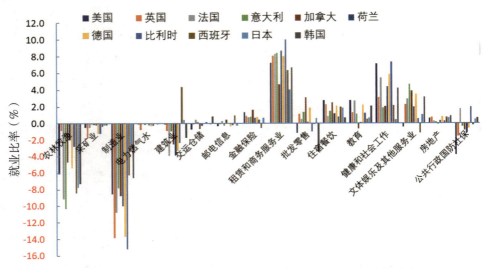

图2-33　人均GDP 1万至3万美元阶段主要发达国家就业结构的变化

资料来源：产业生产率（KLEMS）数据库。

2. 强化劳动权益保护，促进居民消费能力提升

随着经济发展水平提升到一定阶段，特别是进入消费需求发挥越来越重要的作用的阶段，有必要适当增加休假时间，这样不仅可以提高居民生活质量，使劳动群体能更好地享受经济发展的果实，也可以增加居民的文化、旅游等消费时间，为扩大消费创造基础条件。此外，还可以减少劳动力供应的数量，促进充分就业。

近年来就业人员的平均工作时间出现明显增长趋势（图2-34）。2018年，平均每周就业时间为46小时，到2023年已经提高到48.7小时。平均就业时间的延长，反映出不少劳动群体加班时间越来越长，因此有必要更加严格执行劳动法，防止过度加班，同时适当增加公共休假天数。

3. 提升社会保障水平，提高就业质量

不断提高就业质量也是增强经济内生动力的重要方面。就业质量有多个维度的含义，但提供一个相对较高水平的社会保障是基本要求。目前中国基本社会保障中最重要的是养老保险和医疗保险，两者具有较强的相关性，养老保险又分为城镇职工养老保险和城乡居民养老保险，后者的保障水平相对较低。近年来，中国参加城镇职工养老保险的人数逐年增加，从2000年的

图2-34　近年来中国就业人员平均工作时间

资料来源：Wind数据库。

1.04亿人增加到2021年的3.49亿人，参保人员占非农就业的比重也从2000年的29.7%提高到2021年的60.6%。见图2-35。但也说明，还有大量的非农就业人员参加的是较低水平的城乡居民养老保险，就业的质量仍然不高。

图2-35　近年来参加城镇职工养老保险人数及比重变化

资料来源：Wind数据库。

灵活就业群体存在劳动关系难以认定、劳动安全保护和基本社会保障缺乏等问题。国家统计局的调查显示，目前中国灵活就业人员已经超2亿人，在劳动人群中是一个非常庞大的群体。大多数灵活就业者并不是标准意义上的自雇者，缺乏被雇佣者本身该享有的劳动保障。灵活就业者工作时间普遍较长，劳动强度较大，工资收入差距大。由于工作和收入不稳定，缺乏对长期职业生涯的理性安排，参加社会保障的意愿和能力不足。当前社会保险体系主要是参照正规就业设计，灵活就业人员只能以个人身份参加社保，在养老保险中个人要承担更高的缴费比例。灵活就业从业者失业很难被认定，工伤保险面临缴费主体缺失、费用分担机制不明、取证认定困难等难题。短期内，个人可能面临经济下行和职业自身带来的风险；长期看，保障机制不健全也会增加整个社会的运行风险。由于缺乏明确的劳动关系规范和组织保障，劳动者工作时间、报酬、社会保障等面临挑战。

由北京腾景大数据应用科技研究院发布的《2022年三季度灵活就业调查报告》显示，55.3%的灵活就业人员没有劳动合同或仅有一年内的临时合同，拥有一年以上长期稳定合同的比例仅为30%。在社保参与方面，参与缴纳全部五险一金的灵活就业人员占比仅为13%，近六成的人员未缴纳过任一五险一金，其中建筑工人、线下生活服务业人员此类状况尤为突出。

（五）2024年中国经济有条件保持在合理增长区间

总体来看，2024年中国经济仍然面临不小的风险和挑战，但也有经济进一步恢复向好的内在动力，无论是从需求侧还是从供给侧看，都具有实现稳定增长的基础和条件。见图2-36。

一是固定资产投资有望实现低位企稳。疫情以来，中国投资增长速度一直处于较低水平。2020—2022年投资增长速度分别为2.9%、4.9%和5.1%，同期GDP名义增长速度分别为3.5%、11.7%和5.2%，也就是说投资增长速度已经和GDP名义增速相当甚至更低，但这也意味着投资的可持续性更强。2023年以来，投资增长速度从年初的5.5%持续回落到1—10月的2.9%，从表面上看投资对2024年的经济增长可能形成拖累。但从细分项目来看，2023年投资增速下行主要受房地产的拖累，除房地产以外的其他投资仍然保持了较好的增长态势。例如，1—10月，基础设施投资同比增长了8.3%，制造业投资同比增长

第二章
中国经济：现状、挑战与展望

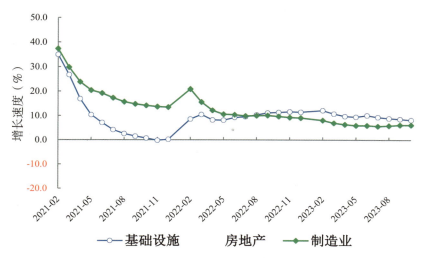

图2-36　近年来中国几类主要投资增长速度的变化
资料来源：Wind数据库。

了6.2%，均属于正常水平。展望2024年，房地产投资降幅有望缩小（2023年1—10月的新开工面积和销售面积降幅均比上年同期明显缩小），在基础设施和制造业投资稳定增长的情况下，固定资产投资有望实现略高于2023年3%左右的增长速度。

二是就业状况明显好转，消费市场有望稳定恢复。2023年上半年，国内就业形势一度非常困难，特别是6月16～24岁青年调查失业率高达21.3%，创有记录以来的最高水平。但下半年以后，就业状况已经明显好转。城镇人员调查失业率已经从2022年底的最高5.7%逐步下降到2023年10月的5.0%，充分显示经济恢复和就业好转。

随着就业状况好转，预计2024年居民消费将进一步恢复增长。2023年7月，中国社会消费品零售总额同比仅增长2.5%，此后8月、9月、10月三个月连续回升，分别同比增长4.6%、5.5%和7.6%，显示出持续向好的态势。预计2024年仍然会延续这一趋势，居民消费将成为拉动经济增长的重要力量。

三是对外出口预计仍不容乐观，但外需在总需求中的比重已经显著下降。经合组织（OECD）和国际货币基金组织（IMF）预计，2024年全球经济将在2023年增速已较大幅度放缓的基础上，进一步下滑0.1～0.3个百分点，特别是以美国为首的发达国家下滑幅度更大。这将对中国的外需带来不小的冲击。另外，也要看到近年来外需在中国总需求中的比重已经显著下降，出口占总需求的比重已经从2007年的峰值水平（28.5%）下降到17.8%，虽然外需仍很重要，但其对经济增长的整体影响已经明显下降。

展望：2024年中国经济仍有望实现5%左右的增长速度。

总体来看，当前经济发展中存在不少的下行压力和挑战，一些国际机构预测认为2024年中国经济增速会显著低于2023年。例如，OECD认为2023年中国经济增长速度大约为5.1%，2024年预计为4.6%。IMF认为中国实际GDP在2023年将增长5.4%，2024年增速为4.6%。

本报告认为，中国作为一个拥有14亿多人口，而且人均GDP只有1.2万美元的大国，无论从需求侧还是从供给侧看，发展的需要、潜力都非常大，而且中国已经建立了完整的产业体系，在新一轮科技革命和产业变革中具有了良好的基础条件，在新能源发电、新能源汽车等不少新兴产业上已经取得了较好的成效。因此，在2024年宏观经济仍然面临较大的房地产下行压力、金融和地方债务风险的情况下，中国仍然有坚实的发展基础，有条件实现平稳增长。基于三大需求增长速度的预测，我们预计2024年中国的增长速度约在5%左右，比2023年略低（2023年前三季度累计增长速度为5.2%），但与其他一些国际机构的预测相比略高。当然，要实现这一目标，必须要深化改革开放，激发数字化、智能化和绿色化转型的巨大潜力，特别是优化投资结构，促进高质量就业，增强经济发展的内生动力。

第三章
广东经济高质量发展

【摘要】 在努力实现经济高质量发展的战略目标下，2023年以来广东经济总体稳定复苏，并呈现出工业发展质量持续上升、科技自立自强水平不断提升、绿色发展稳步推进与就业形势回稳向好的积极特征。但仍面临内需收缩、区域发展不平衡、域内产业转移与转型有待优化以及外部环境变化的挑战与困难。展望2024年，通过进一步完善全过程创新链、构建现代化产业体系、促进国资国企与民资民企共同发展、推动消费有效增长、打造外贸新增长点、推进乡村全产业链升级等措施，广东有望迈向更高水平、更高质量的发展阶段。

一、广东2023年经济发展的现状与特征

（一）经济稳定复苏

从GDP总量来看，2023年广东省前三季度GDP水平达到9.62万亿元，占全国比重约为10.5%，位列第一。从增速来看，广东省前三季度GDP水平同比增长4.5%，相比2022年的2.3%有明显提升。其中，住宿和餐饮业增速排名第一（8.7%）、建筑业排名第二（8.5%）、金融业与交通运输、仓储和邮政业排名并列第三（均为7.3%）。从图3-1可以看出，广东经济整体呈现有序复苏的态势。

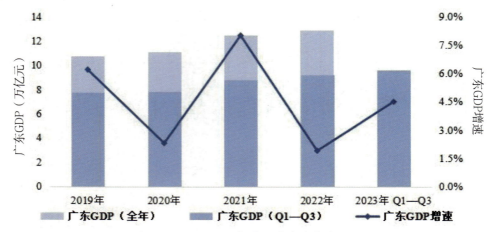

图3-1 2019-2023年前三季度广东省GDP

资料来源：广东省统计信息网。

分地级市来看，如图3-2所示，2023年前三季度广东各地级市GDP稳步增长，同比增速在2%～8%之间。其中，沿海经济带东翼的表现较为突出，4个地级市的GDP增速平均为5.3%，高于全省增长速度。

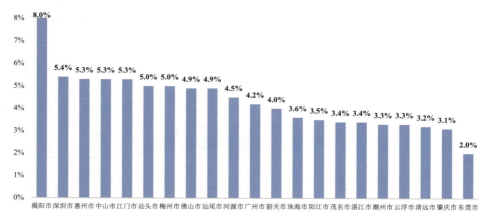

图3-2 2023年前三季度广东省各地级市GDP增速

资料来源：广东省各地级市统计局。

消费方面，2023年前三季度广东社会消费品零售总额为3.5万亿元，同比增长5.4%。其中，餐饮与旅游业表现突出，1—9月全省餐饮收入达4220.71

亿元，同比增长23.7%[①]；1—9月全省实现旅游总收入6922.6亿元，同比增长113.6%[②]。

投资方面，2023年前三季度广东固定投资同比增长3.1%。从工业投资看，前三季度全省工业投资同比增长23.9%，连续33个月保持两位数增长，与全国同期工业投资增速9%相比，广东高出14.9个百分点。其中，先进制造业投资增长18.8%，高技术制造业投资增长21.4%[③]，表明广东省推进新型工业化的整体进展较为顺利，在创新驱动下工业高质量发展水平不断提升。

出口方面，2023年前三季度广东出口总额为4.04万亿元，同比增长3.9%。相比之下，前三季度江苏出口总额同比下降5.4%，湖北同比下降2.1%，山东同比增长2.5%[④]，可见广东在对外贸易方面仍然具有显著的优势。从细分行业来看，前三季度外贸"新三样"电动载人汽车、锂电池、太阳能电池出口分别增长430%、20.6%、29.6%[⑤]，作为战略性新兴产业的集成电路出口同比增长24.4%[⑥]，成为推动广东外贸高质量发展的强大动能。

（二）工业发展质量持续提升

2023年以来，广东工业经济总体平稳并呈回升态势。1—9月全省规上工业增加值同比增长3.1%，连续四个月高于全国同期，连续五个月回升。此外，前三季度全省先进制造业占规上工业比重为55.1%，高技术制造业占规上工业比重为28.7%[⑦]，约为全国平均水平的两倍。

1. 技术改造与数字化转型赋予制造业新活力

2023年1—9月广东共推动7300家工业企业开展技术改造，完成全年任务的81.1%，工业技改投资同比增长22.1%[⑧]，工业技改增速高于江苏、浙江

---

① 资料来源：广东省统计信息网。
② 资料来源：广东省文化和旅游厅。
③ 资料来源：国家统计局、广东省统计信息网、广东省工业和信息化厅。
④ 资料来源：各省份统计局官网。
⑤ 资料来源：南方+，见https://static.nfapp.southcn.com/content/202311/02/c8260222.html。
⑥ 资料来源：广东省统计信息网。
⑦ 资料来源：广东省工业和信息化厅。
⑧ 资料来源：广东省工业和信息化厅。

等制造业大省，达到五年来最高水平。广东作为中国制造业第一大省需要通过不断进行技术升级与转型来保持其生产力优势，而数字化转型在这一过程中具有重要意义。数字化转型不仅能够帮助企业改造传统业务，强化核心业务，提升其生产经营能力，同时有助于培育新业态与新模式，提升产业智能化水平。2023年前三季度全省已引导4000家规上工业企业进行数字化转型，并于广州、珠海、汕头等14个城市开展省级中小企业数字化转型试点工作①。目前，已有不少地市在技术改造与数字化转型的过程取得了突破。如佛山市1—8月技改投资占工业投资比重超过50%②，已有51.1%的规上工业企业实施了数字化转型，并已培育出2家灯塔工厂，打造出48家数字化智能化示范工厂、146个示范车间③。

2. "战略性支柱产业和战略性新兴产业"创新发展稳步向好

为了更好地实现制造业高质量发展，广东于2020年制订《广东省培育发展"双十"产业集群行动计划编制工作方案》，选定具有产业优势和竞争力的20个产业群（10个战略性支柱产业与10个战略性新兴产业）作为重点进行培育。对于以上20个重点产业集群，广东将大力推动相应产业链的发展和完善，并注重品牌培育和国际市场推广。广东计划到2025年实现制造业增加值占GDP的30%以上，先进制造业和高技术制造业占规上工业增加值的60%和35%④。"战略性支柱产业和战略性新兴产业"创新力的提升不断引领省内制造业各行业升级。

人工智能产业领域有着扎实的基础和突出的创新能力。2022年，全省人工智能核心产业规模达1500亿元，相关注册企业约17万家，核心企业900多家，居全国首位，其中上市企业85家，营收100亿元以上的有20家。广东目前拥有7家国家新一代人工智能开放创新平台和16家省级新一代人工智能开放创新平台⑤。2023年还有不少行业内企业取得了技术突破。例如，位于佛山的库

---

① 资料来源：南方日报，见https://difang.gmw.cn/gd/2023-11/13/content_36961733.htm。
② 资料来源：广东省佛山市统计局。
③ 资料来源：广东省佛山市工业和信息化局。
④ 资料来源：广东省工业和信息化厅。
⑤ 资料来源：广东省科技厅。

卡机器人（广东）有限公司在2023年初正式启用以"机器人生产机器人"技术进行生产的无人化工厂，这条生产线也是全国第一条生产重载机器人的全自动化生产线。

新能源汽车产业作为优势产业也有着亮眼的表现。2023年1—9月，全省新能源汽车总产量累计为177.17万辆，同比增长105.22%，占全国总产量的29.09%[①]。广东拥有比亚迪、广汽埃安、小鹏汽车等国内外知名新能源车企和品牌，截至10月，以上三家车企累计销量同比增长70.36%、86%、45%[②]。

3. 大力支持传统产业转型升级，为粤东西北发展注入新动能

为进一步提振粤东西北地区，2023年以来全省出台多项政策计划与行动方案以引导与推进传统产业转型升级。广东省工业和信息化厅（以下简称"广东省工信厅"）出台《关于进一步推动纺织服装产业高质量发展的实施意见》，意见中提到要推进"汕头潮州揭阳"产业发展核心区做大做强，带动自身及周边地区家纺、产业用纺织品等加快发展，并且引导粤东西北地区加强与纺织服装核心和重点城市开展产业共建与合作。广东省工信厅与市场监管局联合印发《2023年开展"粤食越好粤品世界"推动食品工业提质升级专项行动方案》，提出在2023年底实现广东省食品工业营业收入达1万亿元以上，将着力在规划、投资、集群、企业、销售、服务方面实施六大专项行动。其中，在千百亿工业投资固本强基专项行动计划中提出抓紧抓好粤东西北5000万元以上食品工业重大项目建设，在千百亿集群提质增效专项行动计划中提出培优做强特色园区第三方阵，鼓励河源高新区饮料园区、湛江遂溪水产加工园区、肇庆高要预制菜产业园等粤东西北食品特色产业园引进食品产业链上下游企业，要推动园区2023年食品行业营收增速达到10%以上，提升园区特色产业集聚度和竞争力。

4. 税惠政策助力产业发展

在退税减费的力度上，广东积极响应国家税务总局关于2023年"便民办税春风行动"的意见，截至7月，全省新增减税降费及退税缓费940亿元[③]，同

---

① 资料来源：广东省统计信息网。
② 资料来源：Wind数据库。
③ 资料来源：广东省财政厅。

比增长20%。在退税减费的效率上，大部分退税款在3个工作日内能落实企业账户上，退税效率已达全球一流水平[①]。

税惠政策使得企业有更多资金投入科技研发[②]。同时，各地市税务部门也通过数字技术不断优化政策服务以增加企业的税惠可得性。珠海市税务部门利用大数据全面分析企业研发状况，深入摸排企业享受增值税即征即退、研发费用加计扣除等政策红利情况。中山市通过电子税务局、办税服务厅、微信微博门户网站等线上线下渠道，及时传达官方税务信息，并向纳税人推送税费办事指南，努力实现"政策找人"。截至2023年9月，中山市已向超56万户次纳税人精准推送逾365万条税收优惠政策信息[③]。

（三）不断迈向高水平科技自立自强

区域创新综合能力连续七年全国第一。根据《中国区域创新能力评价报告2023》，广东自2016年研发经费总量首次跃居全国第一后，已连续7年研发经费投入位居全国首位。从图3-3中可以看出，广东研发经费投入占全国的比重由2018年的13.55%上升至2022年的14.33%。至2022年底，全省发明专利有效量达53.92万件，连续13年保持全国首位[④]，其中，高价值发明专利有效量26.07万件，累计PCT国际专利申请量25.76万件，均居全国首位。从图3-4可以看到，广东发明专利有效量从2018年的32.8万件增加至2022年的57.3万件，复合增长率高达14.97%。

以高新技术企业、科技型中小企业为主体的科技企业群体是提升区域创新能力的主力军。广东拥有华为、腾讯、大疆、中兴、美的、格力等一大批研发投入高、知识创造力强的科技型、创新型企业。截至目前，广东已培育高新技术企业超6.9万家，连续7年居全国首位，入库科技型中小企业约6.7

[①] 根据美国税务局与英国税务海关总署的数据，平均而言，美国退税需21个工作日，英国需30个工作日。

[②] 对研发资金的贡献可达21.74%。例如，我国家具制造名镇——东莞市厚街镇的华盛家具，2020—2022年公司累计享受研发费用加计扣除政策减免6775万元。2023年研发费用投入预计达4600万元，公司在7月已享受1000多万元的研发费用加计扣除。

[③] 资料来源：中国新闻网，见https://baijiahao.baidu.com/s?id=1778271092354200068&wfr=spider&for=pc。

[④] 资料来源：广东省人民政府。

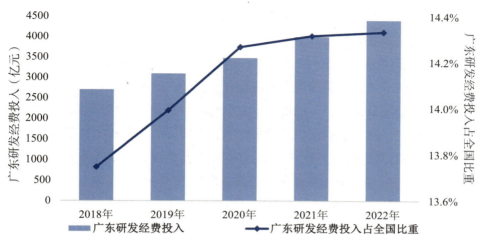

图3-3　2018—2022年广东研发经费投入情况
资料来源：广东省科学技术厅。

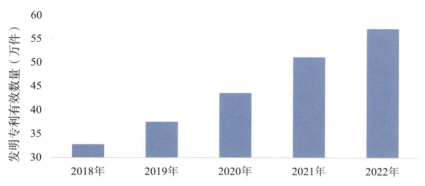

图3-4　2018—2022年广东规模以上工业企业有效发明专利数
资料来源：国家统计局。

万家，数量居全国第二[①]。深圳和广州作为全省发展的核心引擎，在科技创新方面起到了引领作用。"深圳—香港—广州科技集群"连续4年居全球创新指数第二。广州在政策、区位、人才等多方面为科创型企业提供了优良的发展条件。根据胡润研究院发布的《2023年全球独角兽榜》，广州的"独角兽"企业已经达到22家，相比2022年净增12家，是增速最快的城市。人工智能产业是培育发展新动能、赢得竞争优势的关键领域。根据深圳2023年发布的《深圳市人工智能产业白皮书（2023年度）》，2022年，深圳人工智能产业

---

① 资料来源：广东省科学技术厅。

规模达2488亿元,同比增长32.10%。其中,人工智能核心产业规模达到308亿元,同比增长52.48%,人工智能企业数量达1920家,同比增长14.22%。

重点建设"基础研究+技术攻关+成果转化+科技金融+人才支撑"全过程创新生态链。为加快实现高水平科技自立自强,广东以粤港澳大湾区国际科技创新中心建设为核心,强化创新生态建设。在基础研究方面,目前广东已初步构建起以鹏城实验室、广州实验室为引领,由10家省实验室、31家全国重点实验室/国家重点实验室、430家省重点实验室、20家粤港澳联合实验室、4家"一带一路"联合实验室以及高级别生物安全实验室等组成的高水平多层次实验室体系[1]。此外,广东通过中国散裂中子源二期、江门中微子实验站、惠州强流重离子加速器装置等不断推进建设重大科技基础设施集群。在成果转化方面,根据科技部火炬中心公布的2022年度全国技术合同交易数据,2022年广东全省技术合同登记金额为4525.42亿元,位于全国第二的位置。

(四)绿色发展稳步推进

在环境质量方面,2023年1—9月,广东全省空气质量优良天数比例(AQI达标率)为95.2%,同比改善4.2个百分点[2]。分地级市看,广东有7个地级市的空气质量排名进入了全国168个重点城市空气质量排名的前20位,数量同比增加2个;没有地级市进入该排名的后20位[3]。

全省生态质量指数(EQI)达到一类标准,大部分地级市达到一类或二类。广东大力推动绿色农林业发展。2022年,全省农业生产(种植业)农药使用总量同比减少1.8%,比2019—2021年三年平均值减少4.3%;全省绿色食品、有机食品、农产品地理标志产品总数达927个,同比增长18.3%;林业有害生物发生面积比2021年减少7.34万公顷,林业有害生物防治作业无公害防治率达92.19%。广东拥有丰富的自然生态资源,重视自然生态保护工作。截至2022年,广东的森林覆盖率为53.52%,野生植物种类数量居全国第四,有254种陆生脊柱动物被列入《国家重点保护野生动物名录》;广东也是全国自然

---

[1] 资料来源:广东省科学技术厅。
[2] 资料来源:广东省生态环境厅。
[3] 资料来源:中华人民共和国生态环境部。

保护区数量最多的省份，建有自然保护地1361个，初步形成了类型较齐全、布局较合理、机构较健全的自然保护地网络体系①。

　　主动应对气候变化，积极响应国家碳达峰碳中和部署。广东以约占全国6.7%的能源消费和5%的碳排放，支撑了约占全国9%的常住人口和10.7%的经济总量②。截至2023年9月底，广东碳排放配额累计成交量2.21亿吨，累计成交金额61.59亿元，均居全国区域碳市场首位③。2023年8月，广东省环境厅印发了《广东省碳交易支持碳达峰碳中和实施方案（2023—2030年）》，提出六项主要措施（图3-5），预计在2030年基本建成与"双碳目标"相匹配的碳市场体系，将纳入碳交易的企业碳排放占全省能源碳排放的比例提高至75%，逐步形成"国际+国内""强制+自愿"开放有序的碳市场体系。目前，广东已在绿色技术、绿色金融、绿色标准、绿色执法和碳普惠等领域取得显著成效④。

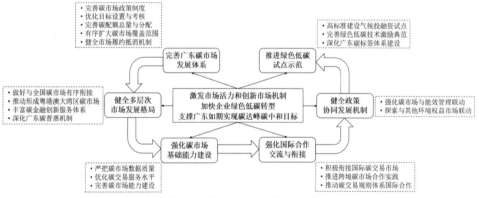

图3-5　《广东省碳交易支持碳达峰碳中和实施方案（2023—2030年）》提出的六项主要措施

（五）就业情况保持平稳

　　2023年以来，全省就业情况保持稳定。如图3-6所示，前三季度城镇新增

---

① 资料来源：《2022广东省生态环境状况公报》。
② 资料来源：南方+，见https://static.nfapp.southcn.com/content/202307/16/c7900669.html。
③ 资料来源：南方日报，见https://news.southcn.com/node_54a44f01a2/9c4618d347.shtml。
④ 广东省生态环境厅应对气候变化专题网页，见http://gdee.gd.gov.cn/ydqhbh/。

就业人数达1000万人以上，同比增长2.1%，同时城镇调查失业率自1月以来总体呈稳步下降趋势。在宏观就业市场景气度较低的情况下，广东积极应对严峻的就业形势，通过持续完善就业政策等多种措施不断向全年就业目标靠拢。广东发布的《关于优化调整稳就业政策措施全力促发展惠民生的通知》中，从激发活力扩大就业容量、拓宽渠道促进青年就业、强化帮扶兜牢民生底线、夯实基础提升服务效能四个方面提出16条具体措施，进一步推动就业扩容提质。

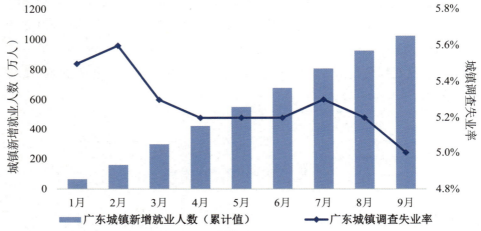

图3-6　2023年1—9月广东省城镇新增就业人数与城镇调查失业率
资料来源：广东省人力资源和社会保障厅。

二、广东经济面临的挑战与困难

（一）内需收缩对经济增长形成较大压力

2023年前三季度，广东GDP同比增长4.5%，低于全国增速0.7个百分点[①]。目前，广东经济面临的主要压力来自内需收缩，省内消费和投资均存在不同程度的增速放缓，甚至出现负增长的问题，反映出扩大内需战略实施效果有待进一步提升，仍需更多努力发挥内需拉动作用，加固高质量发展的基本盘。

---

① 资料来源：国家统计局、广东省统计信息网。

第三章 广东经济高质量发展

消费是经济增长的主要动力之一，其重要性呈上升趋势。 2023年前三季度，广东社会消费品零售总额占GDP比例比2022年上升1.7个百分点，达到36.5%[①]。尽管2023年前三季度广东消费总量仍保持全国第一的规模，但从图3-7可以看到，增长率仅为5.4%，较上半年下降2个百分点，低于6.8%的全国水平。从市场细分来看，广东城镇消费市场和商品零售市场表现较弱，增速分别仅为4.9%和3.4%，较上半年均降低1.6个百分点。从历史数据来看，2017—2019年广东社会消费品零售总额增速分别达10.3%、9.1%和7.8%，都高于2023年前三季度，表明广东消费动能尚未恢复到疫情前水平。

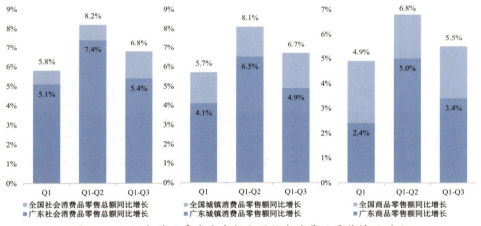

图3-7　2023年前三季度广东与全国社会消费品零售情况对比

资料来源：国家统计局、广东省统计信息网。

从人均来看，2023年前三季度广东居民人均消费支出为2.54万元，同比增长5.2%。其中，城镇居民人均消费支出增长5.0%，农村居民人均生活消费支出增长5.1%，二者增速均比全国指标低3个百分点。广东人均消费占可支配收入比例为64.6%，而相应的全国指标为66.6%[②]，反映出广东居民消费倾向偏低，有可能受到消费信心减弱的影响。

投资方面，房地产投资下降问题较为突出。 到目前为止，广东房地产开发投资已连续两年下降。如图3-8所示，2023年前三季度数据为1.03万亿元，

[①] 资料来源：广东省统计信息网。

[②] 资料来源：广东省统计信息网。

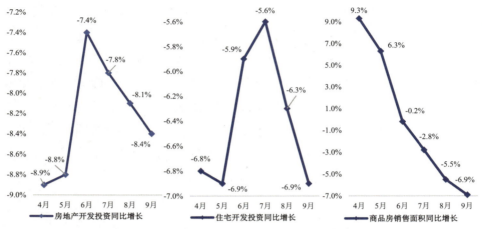

图 3-8　2023 年 4—9 月广东省房地产投资情况

资料来源：广东省统计信息网。

同比下降 8.4%，并且低于 2019 同期水平（1.15 万亿元）。其中，住宅投资下降 6.9%，商品房销售面积下降 6.9%。房屋销量的减少在一定程度上体现出家庭消费与投资行为趋于保守，居民消费预期较弱。房地产业产业链长、影响范围广，对金融保险业、商业、建筑业、化工及制造业等具有较强的带动效应，房地产业的稳定关系到政府财税收入、地方投融资风险。房地产业回落不仅会对实体经济造成冲击，而且会增加防范系统性金融风险的难度，甚至对社会稳定造成不利影响。2022 年 12 月，中央经济工作会议明确强调要防范房地产业引发系统性风险，消除多年来"高负债、高杠杆、高周转"发展模式弊端。需要注意的是，粤东西北地区房地产开发投资降幅达 11.1%，较珠三角地区更为严重，这将对经济发展本就较为落后的粤东西北带来更严峻的挑战。

影响投资的另一主要压力来自境外直接投资的增速放缓。广东作为对外开放大省，外资对经济增长的拉动作用有所减弱。2023 年 1—9 月，广东累计新设外商投资企业 15634 个（图 3-9），占全国比例为 41.3%，虽然新设企业数量同比增长 54.8%，但合同外资金额为 2528.66 亿元，同比下降 17.8%，其中，深圳市签订的企业项目为 5872 个，虽然同比增长 71.7%，但合同外资金额却减少了 28.4%。整体而言，签订企业项目的平均规模有所下降。1—9 月广东实际使用外资金额为 1334.9 亿元，同比下降 4.2%。其中，广州新设立外商直接投资企业同比增加 90.3%，但实际使用外资金额却减少了 7.4%。境外直接投资放缓是导致广东前三季度GDP增速不够高的主要原因之一。值得注意的是,境外企业在广东的投资回报率下降。2020—2022年三年间,广东境外投资企业的利润收入比率持续下降,从7.04%下降至6.32%;2023年1—9月,广东亏损的境外投资企业数量累计同比增加17.8%,利润总额累计同比下降7.8%(图3-10),利润收入比率进一步下降至6.25%,表明境外企业正面临较大的成本压力。境外投资者对广东经济发展的信心有可能会受到外资企业经营效益下降的负面影响。

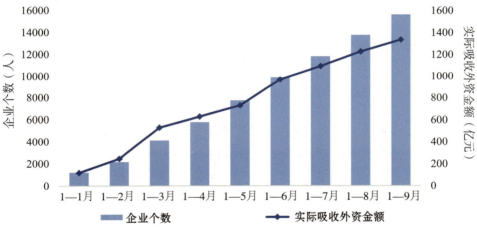

图3-9　2023年1—9月广东省新设外商投资企业数量及实际吸收外资金额
资料来源:广东省商务厅。

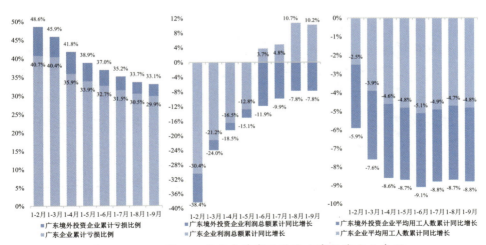

图3-10　2023年1—9月广东外商及港澳台商投资企业表现
资料来源:广东省统计信息网。

（二）区域发展不平衡问题仍待解决

广东GDP领先全国，这在一定程度上得益于庞大的人口规模。截至2022年末，广东常住人口为1.27亿，约为江苏的1.5倍。从人均指标看，基于2022年末常住人口数据，2023年前三季度广东人均GDP约为7.6万元，江苏人均GDP约为11万元，广东仅为江苏的70%。广东作为全国第一人口大省，人力资源优势明显。在改革开放以来的高速发展中，大量低成本劳动力为广东提供了巨大的"人口红利"。但随着经济发展转入高质量发展阶段，如何将人口的"廉价红利"转化为"高价值红利"、提高人力资源利用效率，是必须解决好的重要问题。如果广东的人均GDP提升至江苏目前水平（约11万元），那么2023年广东的GDP总量能在2022年的基础上增长40%。

城乡区域发展不平衡，是广东的基本省情和广东经济的最大短板之一[1]。虽然珠三角地区人均GDP已经达到发达国家水平，但由于粤东西北地区的差距巨大，因此从整体来看，广东省人均GDP在较大程度上受到了区域发展水平差异的制约[2]。广东存在着较为明显的区域发展不平衡问题。从图3-11中可以看到，2023年前三季度，珠三角地区人均GDP高达9.98万元，而北部生态发展区的人均GDP为3.4万元，仅有珠三角地区的34%。此外，珠三角地区内部各地市之间也存在发展不均衡的现象：前三季度深圳市人均GDP超过了13.8万元，为最高，而最低的肇庆市人均GDP仅有4.7万元，只有深圳市的40%左右[3]。从共享发展的视角来看，省内地市经济发展水平差距意味着收入水平的差距：2023年前三季度，云浮市和揭阳市居民人均可支配收入均为2万元，仅为全省的51%、深圳的34%。

长期来看，区域发展不平衡将对广东省高质量发展产生负面影响。经

---

[1] 广东省人民政府官网，见https://www.gd.gov.cn/zwgk/zc/jd/snzcsd/content/post_4140661.html。

[2] 与江苏相比，广东区域发展不平衡对人均GDP的影响更大。2023年前三季度，在江苏相对发达的苏南地区，人均GDP最低的镇江市也有最高的无锡市的80%，相对落后的苏北地区人均GDP占苏南的50%左右。虽然江苏省较为发达的城市的发展水平不如广东省，但其各个城市之间的协调发展表现优于广东。

[3] 本报告收集分析了2022年广东各地市人均GDP数据，发现结论并无变化。

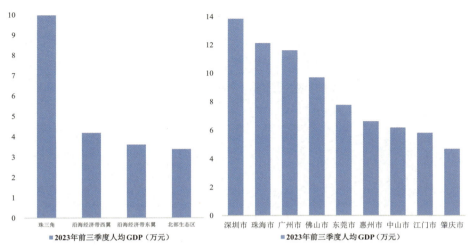

图3-11　2023年前三季度广东域内人均GDP比较

注：由于季度报告不公布人均GDP数据，该人均GDP数据是根据各地市2023年前三季度GDP数据与2022年末公布的常住人口数据进行估算得出的。

资料来源：广东省各地级市统计局。

济发展水平的差异使得珠三角，尤其是珠三角中的特大型和大型城市对周边城市产生虹吸效应，生产要素进一步向珠三角地区集中。对粤东西北地区而言，优质生产要素的流失会对已有产业的发展和产业转移的承接产生负面影响，对经济增长产生长期性动能制约。党的二十大报告强调，2035年中国发展的总体目标之一是"人的全面发展、全体人民共同富裕取得更为明显的实质性进展"，因此进一步释放广东人均GDP增长潜力，缩小区域差距，切实增强不同区域人民群众的获得感、幸福感，是广东省高质量发展的应有之义。

（三）域内产业转移与转型存在提质增效的空间

区域发展不均衡在一定程度上也反映出广东产业结构和布局的不均衡。城市经济的发展离不开产业带动，区域协调发展与产业转移及转型升级密切相关。从企业规模看，大型企业主要集中在珠三角地区。图3-12给出了广东上市公司的分布，可以看到，广东省上市公司集中在珠三角地区，占全省比重为90%。粤东西北地区的市场主体以中小微企业为主，这些企业普遍存在经营效益较低、抗风险能力弱的问题。2023年1—9月，全省中型和小型企业工业增加值累计增幅较小，微型企业工业累计增加值更是减少了23.5%；全省小型和微型企业亏损数量累计同比增加19.4%，利润总额累计同比下降7.3%。考虑到中小微企业在粤东西北地区经济中占更重要的地位，其面临的发展挑战可能会进一步加剧省内地区发展的不平衡问题。

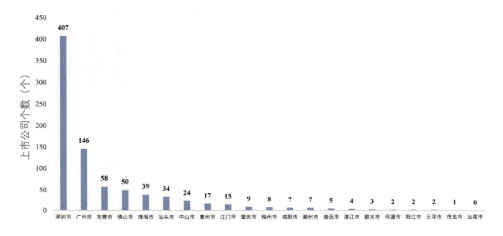

图3-12　2022年末广东上市公司分布情况

资料来源：CSMAR数据库。

省内产业转移与转型升级是解决上述问题的重要举措。2023年，广东省委省政府印发了《关于推动产业有序转移促进区域协调发展的若干措施》（下称《措施》），推动产业有序转移的"1+14+15"政策体系已经具备①。《措施》指出，支持临港重化、海工装备等产业向沿海经济带东西两翼有序转移，支持北部生态发展区有序承接发展新材料、生物医药与健康、资源精深加工、安全应急与环保、清洁能源等优势产业，支持粤东西北地区承接珠三角地区加工贸易转移。

产业转移涉及供应链的重新组织和构造，以及多个环节的协调和整合工

---

① "1"是《关于推动产业有序转移促进区域协调发展的若干措施》这一主文件；"14"是14个省级配套文件，包括主平台建设方案、对口帮扶方案、考核办法、财政支持方案、产业转移基金组建方案、优化营商环境方案等；"15"是粤东西北12个地市以及参照享受支持政策的惠州、江门、肇庆3个地市的实施方案。（中国发展网，见http://www.chinadevelopment.com.cn/news/cj/2023/05/1836836.shtml。）

作,广东政府和企业在进行产业转移工作中面临一定的挑战。例如,清远市与广州市海珠区在2022年12月签订了《产业梯度有序转移合作框架协议书》,推动"广州总部+清远基地""广州总装+清远配套""广州研发+清远制造"合作模式深度实践,其中一个重点项目是"现代轻工纺织产业集群"。案例如图3-13所示,该项目在推进过程中存在商户对搬迁入新产业园区信心不足、意愿不强等问题。产业转移是一项系统性工程,影响产业竞争力的因素有很多,如何确保在有利条件下顺利实现产业转移和产业竞争力的维持,是各地在具体落实区域协调政策时需要谨慎研究分析的问题。

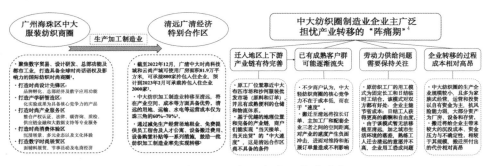

图3-13　中大纺织产业向清远转移的案例

除了是否具备落地条件,新布局或转入的产业还面临如何在新的市场环境中发展的问题。一方面,在经济发展的过程中,各地方已经形成了一批较为成熟的产业,这些原有的成熟甚至是支柱性产业与新产业在争取政策支持、水电用地、交通运力和人力资源等方面存在竞争关系,如果政府在推动新产业落地时不能够维持原有支柱性产业的稳步发展,甚至出现"一刀切"的情况,便会对地方的经济和民生造成负面冲击。另一方面,产业转移需要考虑目标地区的市场辐射能力,如果产业转移到目标地区后能获得的市场需求不足以支撑转移产业的发展,那么就可能导致产能过剩和资源浪费的问题。此外,各地方在法律法规、营商环境、社会文化和生态环境容量方面的差异也会对产业转移的效果产生影响。

（四）外部环境变化带来更多挑战

美国等对中国的技术制裁不断演变。 2016—2023年，美国以维护国家安全和海外利益等为理由先后对中国企业发起了多轮制裁，超过1100个中国企业、机构或个人被列入美国"实体清单"[①]。除华为和中兴外，广东还有中广核集团、云从科技、中电七所、信维微电子、国家超级计算机深圳中心、大疆创新等一大批企业，以及大量省外企业的在粤分部，受到美国"实体清单"管制的负面影响。2023年，日本正式出台半导体制造设备出口管制措施，将包括光刻、刻蚀、热处理、清洗、检测等六大类23种半导体制造设备纳入出口管制清单，国内的半导体及泛半导体代工及与IDM相关的企业受到影响。美日的限制性措施主要针对芯片产业链，旨在打压中国高端半导体技术的发展。广东的优势领域，如消费电子、汽车电子、通信设备等众多工业制造产业的发展依赖于芯片。而目前国产芯片在生产设备、设计软件以及关键材料三方面仍有待进一步突破。广东作为全国主要的芯片需求市场之一，以上贸易限制对广东高质量发展造成阻碍。

此外，欧盟也有对中国新能源汽车出台限制性政策的倾向。2023年10月，欧盟委员会正式对从中国进口的纯电动汽车（BEV）启动反补贴调查[②]。欧盟是中国重要的纯电动汽车出口市场，如图3-14所示，2018—2020五年间，中国对欧盟国家纯电动汽车出口额平均年增速高达173%，2023年1—9月，中国对欧盟国家纯电动汽车出口额为103.5亿美元，占中国纯电动汽车出口总额的39.33%。欧盟此次调查恐引致对中国纯电动汽车的反补贴税及其他限制措施，削弱中国纯电动车在欧盟市场的竞争力，而广东作为全国重要的新能源汽车制造基地，可能将会受到比较严重的负面冲击。

美联储持续激进加息的外溢效应。 2022年以来，为了应对高企的通胀，美联储多次上调联邦基金利率。截至2023年10月，美国联邦基金利率目标区间上限已从0.25%上升至5.5%[③]。加之俄乌冲突战火不断、巴以冲突愈演愈烈，在逐利导向和避险情绪的作用下，国际资本大量回流美国。与此同时，

[①] 资料来源：美国联邦法规数据库。
[②] 资料来源：中国商务部。
[③] 资料来源：MACROVIEW数据库。

中国央行基准利率呈下降趋势。截至2023年10月，1年期LPR为3.45%，5年期LPR为4.2%[①]，与2022年3月相比分别下降0.25和0.4个百分点，中美利差的扩大将进一步诱使国内资本流向美国。资本大量流出将会削弱广东的投资增长和长期发展动能，需及早注意到该金融动向和相关风险，并注重培育外来投资新增长点。

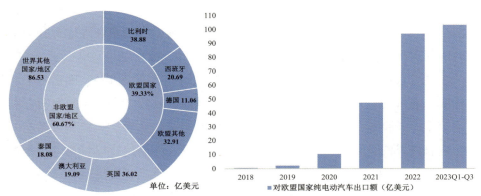

图3-14　2023年1—9月中国纯电动汽车出口额与地域分布情况

注：左图外层是不同国家/地区的出口额（亿美元），内层是出口额占比情况。
资料来源：中国海关总署。

三、广东2024年经济发展对策与展望

（一）积极完善全过程创新链，打造前沿科技创新高地

为全面建设社会主义现代化国家，要完善科技创新体系，坚持创新在中国现代化建设全局中的核心地位，加快实施创新驱动发展战略，加快实现高水平科技自立自强。作为经济大省，为进一步落实新发展理念，释放高质量发展动能，广东于2022年首次在政府工作报告中提出"加快构建以基础研究、技术攻关、成果产业化、科技金融和人才支撑为核心环节的全过程创新生态链"。

基础研究是科技创新的源头与实施创新驱动发展战略的重要基石。但目前省内在基础研究方面仍存在投入力度低与单一化等问题。根据《2021年广

---

① 资料来源：中国人民银行官网。

东省科技经费投入公报》，2021年基础研究经费为274.27亿元，占全省研究与试验发展经费的比重为6.9%[①]，与北京（16.1%）[②]、上海（10%）[③]仍存在较大差距，更低于英国、美国等发达国家。一方面，应持续加大政府投入力度，推动十年"卓粤"计划[④]稳步前进，鼓励社会资本以基金、风投等多种形式参与进来，完善多元化投入机制；另一方面，应深化改革组织与管理方式，在充分发挥高校主体作用的基础上，将研究方向相关的机构组织起来，提高对科技基础设施与科研平台的利用率，加强项目、经费、人才等各类资源的协调联动效应。

在技术攻关方面呈现出以企业为创新主力军的"四个90%"突出特征。即约90%的科研机构、90%的科研人员、90%的研发经费、90%的发明专利申请都来源于企业。未来，应加强"企业牵头组织，政府、高校积极参与"联合创新模式的运行，以企业的技术需求为引领，不断优化以华为"难题揭榜"模式[⑤]为典型例子的"需求方出题、科技界答题"项目机制，"一技一策"应对"卡脖子"问题。为了推动更多科技成果落地转化，应持续落实政府引导下，以金融为支撑的"政产学研用"科技创新路径，强化知识产权基金、成果转化基金的作用效果，规模化科研成果转化平台与完善产业化机制。

近年来，省内多市出台了助力科技型企业融资发展的有关政策，科技信贷有序发展。然而，在天使投资方面仍存在较大增长空间，需尽快推动省级层面天使母基金落地，加快天使投资发展，利用大湾区的区位优势建设高质量风险投资集群，以广深科创金融改革试验区、广佛科技金融合作示范区为

[①] 资料来源：2021年广东省科技经费投入公报，见https://gdstc.gd.gov.cn/attachment/0/509/509343/4068620.pdf。

[②] 资料来源：北京市人民政府官网，见https://www.beijing.gov.cn/ywdt/gzdt/202209/t20220910_2813264.html。

[③] 资料来源：上海市人民政府官网，见https://www.shanghai.gov.cn/gwk/search/content/76733eee361e4262abc1d78560048340。

[④] 广东省科技厅于2022年发布《广东省基础与应用基础研究十年"卓粤"计划》，提出要围绕量子科学、类脑智能、重大科研基础设施等领域实施基础研究战略项目，推动粤港澳大湾区成为具有全球影响力的基础科学研究高地。

[⑤] 自2021年11月起，华为将产业中的挑战难题向全社会发布，并通过"难题揭榜"的形式，促进高校与企业之间的深入合作，以难题作为需求导向带动高校科研与企业产品的深层结合与快速迭代。

范式提升省内科技金融深度融合水平。扎实推进粤港澳大湾区高水平科技金融人才高地建设，关注高层次紧缺人才与高素质技术人才，以满足实际发展需求为基准进行"科学引才"，为科技金融人才提供良好发展环境，切实提高对青年科技金融人才的支持力度。

在优化完善全过程创新链的过程中，省内不同发展水平的地区应有不同侧重点。广深莞佛等发展水平较高的城市应当担起实现科技创新"由0到1"的大任，充当提升广东省自主创新能力的主力军，对于粤西粤北地区，应基于自身禀赋条件积极探索上述科技成果的产业化应用场景，扩大"从1到100"的规模效应。

（二）构建适应高质量发展的现代化产业体系

高质量发展是创新成为第一动力的发展，各产业应按照比较优势进行创新。广东的经济发展需要结合不同产业的具体特性制定相应的现代化发展战略并提供相应的金融支持。根据广东省各类产业的特性及其所处的发展阶段，可将现有产业分为领先型、换道超车型、战略型、转阵型、追赶型五大类。广东省五大产业分类见表3-1。

表3-1 广东省五大产业分类

产业类别	代表行业和领域
领先型产业	家电、手机、轨道交通等
换道超车型产业	新能源汽车、软件与信息服务、超高清视频、航空航天等
战略型产业	电子信息（包括集成电路、芯片制造、半导体设备）等
转阵型产业	纺织、成衣、服装、化工、钢铁、造船等
追赶型产业	传统汽车、医疗器械、装备制造等

对于领先型产业，要以高质量、高密度、高水平创新维持全球领先地位。政府可以有针对性地支持领先型产业的共性技术的基础研究，并通过"产学研"合作将基础研究转化为企业的应用型创新或推向市场的产品服务。此外，还可以积极协助企业在海外设厂以接近和扩大国际市场，或者在海外设立研发中心以利用海外技术、人才等资源，充分发挥领先型产业的规模经济效应。

得益于移动通信、互联网、大数据、人工智能等数字技术的发展，中国涌现了许多新产业、新业态，并且在这些产业上中国与发达国家处于同一发展水平，这些新的产业能够作为换道超车的赛道。在金融支持方面，处于初创期的换道超车型企业在产品、技术路线等方面尚不成熟，更适合通过风险投资进行融资。在引进风险投资方面，政府应更加积极有为，加大吸引国内外优质风投机构的力度，加快形成高质量、高水平"风投集群"，以此支撑"换道超车产业集群"，以"产业集群"的发展反哺"风投集群"，形成金融与实体经济的双向互促和良性循环。

战略型产业是指研发周期非常长，对物质资本、人力资本、金融资本的投入要求非常高，且关系经济安全、国防安全和国计民生的产业。当前广东在以芯片为代表的一些战略性关键技术和产品方面临"卡脖子"困境。必须组织力量在关键技术上集中攻关。在自主攻关的过程中，也要考虑对外合作的可能性，应继续积极与其他地区和国家开展双边和多边合作。由于战略型产业的研发周期长、风险高、资金需求量大，仅靠商业性金融难以充分满足需求，因此，还需通过财政资金和政策性金融为战略型产业提供金融支持。应在前瞻性地做好审慎监管的前提下，加大财政资金对战略型产业的投入，同时，发挥好政策性金融"耐心资本"的优势特点，鼓励和引导政策性金融机构加强对战略型产业的金融支持。

针对已经或者会在不久的将来丧失比较优势的转阵型产业，应充分利用国内国际两个市场两种资源，加快转阵型产业向中西部或海外转移。目前，广东省通过在粤东西北地区布局以转阵型产业为主的重点产业积极推进产业的有序转移。但在转移的过程中产业将面临离开原有成熟生态环境与融入新竞争环境的情况，企业需要承担一定的风险与挑战。为了更加顺利地实现产业转移与维持产业的竞争力，一方面，以将珠三角与粤东西北地区的产业合作从产业转移转向产业共建为目标，进一步优化以广清经济特别合作区为典型代表的新型结对帮扶机制，加强区域内优质要素的流动与基础设施支撑，避免出现原有产业因转移失去良好发展环境的情况；另一方面，在选择产业转移承接载体时，基于粤东西北地区的比较优势与珠三角形成产业链合作，支持地区形成特色优势产业集群，并且通过与产业承接地政府合作设立加工出口园区等多种措施提高转移产业在"新"环境中的竞争力。

而对于在低端具有比较优势，但在高端不具有比较优势的追赶型产业，应深挖潜在后发优势，积极利用国际资源，落实"引进、消化、吸收、再创新"，推动其高速度、低成本、低风险发展。挖掘后发优势既要靠"引进来"，又要靠"走出去"。广东应积极扩大开放水平，充分引进吸收优质国际资源，降低国内企业从外引进先进技术、设备、人才等生产要素的成本，与此同时加大吸引国外高端先进企业到广东投资、设厂、生产、建立研发中心、设立合资企业。鼓励有条件的广东企业到海外并购，或通过在海外设立研发中心或生产基地等方式，大范围、深层次利用海外优质人才和技术资源，最大化地将全世界的优质生产资源转化为自身发展动力。

（三）促进国资国企与民资民企协同发展

国资国企作为经济发展的"压舱石"，应持续提升自主创新力与核心竞争力，为高质量发展源源不断地引入活力。根据图3-15，全国78357家国有企业中共有8715家位于广东，占比11.12%，位列全国第一。

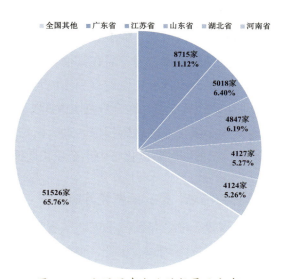

图3-15 全国国有企业的数量及分布

注：广东省、江苏省、山东省、湖北省及河南省为拥有国有企业数量排名前五的省份。

资料来源：《中国统计年鉴2022》。

对于广东而言，不断推动国资国企高质量发展具有重要战略意义。国资国企改革三年行动已经收官，接下来需要继续深化改革，持续推进国企战略性重组和专业化整合，推动国有资本向产业关键环节与中高端领域集中，不断优化国有经济布局结构。此外，国资监管体系的改革要求加快实现从管企业向管资本的转变，还给国有企业市场主体的地位，激发其内生活力动力。政府应当继续以管资本为主进行国资监管，优化投资监管工作机制与经营业绩考核体系。在强化国有资本运营，增加国有基本收益回报方面，应充分发挥国有资本投资运营平台的作用，不仅要积极探索存量国有资产的保值增值路径，也要聚焦国有资本对现代化产业体系的支持作用，以投引产，扩展高质量增量投资渠道。

民营经济在推动经济高质量发展中具有极其重要的地位。在中国，民营经济具有"56789"的特征，即贡献了50%以上的税收，60%以上的国内生产总值，70%以上的技术创新成果，80%以上的城镇劳动就业，90%以上的企业数量。疫情以来，在宏观经济环境的影响下，广东民营企业面临着巨大的挑战。2023年，广州市政府通过《广州市进一步促进民间投资高质量发展若干政策措施》，聚焦"拓领域、快落地、促融资、优环境"，提出四方面21条措施。除了加大对民间投资的支持力度，需在其他方面继续支持民营企业，尤其是中小微企业和个体工商户发展，营造有利于民营经济发展的良好营商环境。进一步降低企业生产经营成本，在合理范围内调整减税降费空间。针对融资约束，优化政府对中小微企业的融资担保，加大信贷支持力度，允许符合条件的企业延期还本付息的同时防范化解中小企业长期拖欠账款等风险。

（四）扩大社会有效需求，推动消费复苏增长

持续稳定促进消费恢复。 2023年前三季度广东省社会消费品零售总额同比增长5.4%，低于全国（6.8%）增速，因此，如何保持广东在社会消费领域的规模优势需要引起关注。2023年印发的《广东省扩大内需战略实施方案》提出打造粤港澳大湾区国际消费枢纽，推进广州、深圳国际消费中心城市建设，支持珠海、汕头、佛山、东莞、湛江、韶关等培育建设区域消费中心城市。在构建区域消费中心时，可依托于家电、手机、新能源汽车等优势产业，建设一流家电消费中心、电子消费中心、新能源汽车消费中心。此外，

在餐饮业方面，广东省有着突出的表现。2022年广东省餐饮业营收居全国之首①，2023年前三季度住宿与餐饮业GDP增速最快，达8.7%。为扩大餐饮消费对内需的刺激作用，可结合区域消费中心与粤系岭南特色打造"美食与旅游"品牌，同时加强旅游景点开发和商圈体系规划，通过发行消费券等多途径加大对住宿餐饮、文化旅游的财政支持力度。

房屋是具备消费属性的投资品。为更好支持刚性和改善性住房需求，应积极响应2023年10月中央金融工作会议提出的构建房地产发展新模式的要求，同时加快保障性住房等"三大工程"建设，鼓励有关单位将符合要求的物业改造为租赁住房，优化住房公积金使用范围，同时鼓励金融机构为购房者提供低息贷款等金融服务以降低购房成本，支持各地从当地实际出发完善房地产政策。

（五）打造外贸新增长点，数字化赋能企业"走出去"

应当遵循比较优势的动态变化促进外贸产业的发展。继续大力发展技术和资本密集度较高的外贸产业，鼓励、引导、支持传统的劳动密集型产业转型升级到附加值更高、技术和资本更加密集的产业或产业区段。外贸企业应当不断提高自主创新能力，利用数字化技术在技术、产品、营销模式、品牌、售后服务等方面积极创新。为了促进外贸企业创新和高质量转型，应加快产业集群建设。一方面，产业集群能够聚合特征相似的企业，为集群内企业提供公共基础设施、金融支持、市场网络等资源，从而降低外贸企业的生产成本；另一方面，产业集群内企业按竞争优势分工合作，可以提高专业化程度，企业之间的相互竞争能促进企业创新动力的增强和创新效率的提高。图3-16展示了广州跨境电商希音（SHEIN）如何在产业集群的基础上，充分利用本土数字技术优势进行商业模式的创新。

另外，也要关注数字化在创新过程中起到的重要作用，大力支持粤港澳大湾区打造全球贸易数字领航区，引导企业利用互联网平台进行数字化升级，帮助企业接触到更多潜在消费者。在增强外贸企业自身能力的同时，不

---

① 资料来源：新华网，见https://www.xinhuanet.com/fortunepro/20231013/43c06b47e832493cad451148e61a4dac/c.html。

> **商业模式的创新——广州跨境电商希音（SHEIN）**
>
> 希音（SHEIN）是一家位于广州的跨境B2C快时尚电子商务公司。根据胡润研究院《2023年全球独角兽榜》，希音以4500亿元的估值位列全球第四。
>
> 希音的快速发展离不开其在商业模式上的创新。服装产业是番禺区传统优势产业，纺织服装产业链是番禺区重点打造的13条现代产业链之一。希音认识到了番禺在服装供应链方面的优势，整合了大量番禺的服装工厂，结合本土数字技术优势，一方面通过在线销售及时洞察消费者偏好商品，另一方面推进工厂进行流程的信息化、在线化改造，实现信息化升级，从而形成了按需供应的柔性供应链模式优势。

图3-16 广州跨境电商希音（SHEIN）的案例

能忽视对国际市场的开拓。从通道方面看，应当加强基础设施建设，推进与周边国家基础设施的互联互通，为外贸企业走向国际市场奠定坚实的基础。在交流推广方面，推动线下贸易展会全面恢复，同时常态化运营线上平台，鼓励龙头企业带领建设海外营销网络，统筹优化广东名优商品展销中心在全球市场的布局，在"一带一路"沿线市场举办广东商品展览展销会，拓宽产品推广渠道，进一步支持外贸企业良好发展。

（六）推动乡村全产业链升级，全面推进乡村振兴

当前乡村产业全链条升级面临的困难主要来自两方面，一是产业链上的农业企业存在不少约束条件，包括资金链薄弱、缺乏高质量技术与管理人才，以及一些乡村基础设施建设滞后等；二是与农业相关的产业融合度与聚集度偏低，品牌效应不强。广东可以以培育和支持龙头企业为抓手带动产业全链条升级，发挥龙头企业在管理运营、融资、研发、风险承担等方面的优势，以龙头企业为载体，通过以点带面的形式扩大规模效应与集聚效应。鼓励"龙头企业+农户"的组织形式的发展，同时提升农产品及下游产品标准化水平，有效保障产品质量。标准化水平的提升需要资金与技术，结合当前农业企业的生产经营状况，政府产业引导基金可在相关方面发挥重要作用。

应鼓励差异化竞争和形成品牌优势。当规模化与标准化水平得到有效提升后，如果市场竞争呈现同质化状态，将会引发产能过剩、恶性竞争等问题。品牌定位为品牌建设确定了方向，在明确定位的时候要充分挖掘乡村产业的特色优势，形成具有地域特色的品牌，并根据市场需求确定目标市场和消费群体，使得品牌定位更加精准。在这个过程中，要注重产品的差异化，

突出品牌的独特性和优势。此外，为推进乡村一、二、三产业融合发展，应不断优化产业链，加强配套服务设施建设，一方面延伸现有产业链，推动形成包含研发、生产、加工、物流、销售甚至休闲旅游等在内的全产业链模式；另一方面，提升现有产业链的整体质量，使得现有产业链的各个环节向高科技化和高附加值化转变。在基础设施与服务设施方面，应加大对现代化农业基础设施与信息技术相关设施的投入。加快农村物流设施建设，助力"互联网+现代农业"业态的发展。

构建"以外循环为主体"的发展模式。此处的"外"凸显出城市与农村之间的关系，即在明确农村所稀缺与富余的生产要素的基础上，从城市引进资金、人才、技术、数据等稀缺生产要素并利用城市市场消化农村所生产的产品与服务，推动农村产品与服务"走出去"。对于粤东西北区域来说，其优势在于拥有丰富的农副产品、水产品养殖和生产基地，如梅州是全国第二大柚类生产地级市，湛江是中国最大的水产交易中心且有着独特的自然风光与人文景观。因此，可以充分利用电商平台为地区特色商品提供更多元化的销售平台和更新颖的销售模式，并基于地方自然及人文景观资源，大力发展文体旅游业，形成不同的精品旅游线路，对接珠三角区域的需求。不仅如此，还需不断完善城乡融合发展的体制机制，如深化土地制度改革，完善土地流转机制，审慎推进农村宅基地制度改革等，实现各类要素与产品、服务在城乡之间更顺畅地流动。

（七）展望2024：广东有望迈向更高水平、更高质量的发展阶段

2023年第四季度，广东经济已出现更为明显的好转迹象，2023年全年GDP增速有望从前三季度的4.5%上升至5%左右。尽管影响经济发展的外部负面因素仍然存在，但中国经济的韧性再次凸显，市场主体的信心正稳步恢复，各类精准有力的政策正逐渐产生作用。有理由相信，广东2024年的GDP增长有可能达到5.5%左右，向着实现2035年远景目标和"第二个百年"奋斗目标坚实前进。

此外，隐性债务清零为广东"轻装上阵"打下坚实的基础。根据《广东省2022年预算执行情况和2023年预算草案的报告》，广东在2022年已如期完成了中央赋予的全域无隐性债务试点任务，实现存量隐性债务全部化解目

标,成为全国第一个完成隐性债务清零的省份。2023年,广东仍然保持零隐性债务的状态,并且基于《广东省进一步推进省以下财政体制改革工作的实施方案》,继续遏制地方政府隐性债务增量,合理控制政府债务规模。据不完全统计①,自2023年初以来全国累计发生116例城投非标违约事件,集中在贵州(43例)、山东(44例)等地,城投非标违约的高发反映出地方债务风险高企与债务管控能力较弱,而广东并没有出现此类事件。截至10月末,除了广东省和北京市以外,全国共有24个省区市拟发行特殊再融资债券,总额超过1万亿元,与疫情三年(2020—2022年)发行总量相当。特别地,江苏省已发行116.7亿元再融资一般债券和144.3亿元再融资专项债券。在化解隐性债务的压力下,地方政府财政政策制定与实施将会受到影响,地方收入将无法完全服务于地方发展目标,而2022年广东省顺利完成隐性债务清零任务有效降低了其在2023年防范化解系统性风险的压力,有助于保持财政金融总体稳健安全,使其在2023年及未来的复苏道路上能"轻装上阵",集中力量推进经济高质量发展。

综上所述,广东长期以来在发展中形成的强大经济基础及其在先进制造业、科技创新、绿色发展、政府债务管控能力等方面的突出优势,决定了2024年广东有希望迈向更高水平、更高质量的发展阶段。

---

① 资料来源:企业预警通,广发证券发展研究中心。

第四章
香港经济：稳定、复苏与增长

【摘要】 香港经济最重要的比较优势是制度性交易成本低，比较劣势是生产要素成本太高。香港经济过去成功的根本原因是其凭借低交易成本成为全球经济的超级联系人，因而能够做大做强贸易、金融、物流、旅游等行业。2023年，香港走出疫情困扰，社会全面恢复正常，经济稳步复苏。但国际地缘局势持续紧张，俄乌冲突未停，中东战争又起，发达经济体为应对高通胀持续加息，削弱了全球经济增长，海外需求急剧下滑，各种不利因素交织导致香港整体货物出口持续下跌，投资及资本市场表现欠佳，同时面临与其他经济体的激烈竞争、人才流失、产业结构单一、人口老龄化等一系列挑战。香港特别行政区行政长官李家超在《中华人民共和国香港特别行政区行政长官2023年施政报告》（以下简称《2023年施政报告》）中指出，除了巩固金融、贸易、物流、航运、专业服务等传统优势产业外，政府会发掘新增长点，走产业化路线，推动创新科技、文化创意、医药研发、中医药、新能源交通等新兴产业发展。中长期，将以北部都会区为发展引擎，以投资拉动经济，以基建驱动发展，以发展改善民生。以上发展策略将会给香港带来强劲的发展新动能，为香港经济的稳定、复苏及增长提供了切实可行的方向与路径。

一、疫情后香港经济发展情况

（一）经济增长稳步复苏，但受外部环境影响基础仍不牢固

自2023年2月起，香港与内地全面通关。在访港旅游业和本地需求强劲复苏带动下，2023年一季度香港经济明显改善，实际GDP同比2022年上升2.9%，环比上升5.4%；二季度受主要发达国家需求减弱以及内地经济增长放缓影响，香港经济的增长势头有所放缓，实际GDP同比增长1.5%，环比下降1.3%；进入第三季度，访港旅游业和私人消费增幅扩大，进出口降幅收窄，实际GDP同比上升4.1%，环比上升0.1%（图4-1）。

图4-1 2018—2023年香港GDP增长率

资料来源：香港特别行政区政府统计处。

亚洲四小龙中，**中国香港地区经济恢复最快**。韩国次之，新加坡和中国台湾地区表现略差（图4-2）。但从经济总量看，中国香港地区的GDP体量最小。韩国2023年上半年的GDP达到9695亿美元，是香港的5.3倍（2020年是4.8倍）；中国台湾地区为3652亿美元，是中国香港地区的2倍（2020年是1.95倍）；新加坡为2602亿美元，是中国香港地区的1.4倍（2020年是1.01倍）（表4-1）。

第四章
香港经济：稳定、复苏与增长

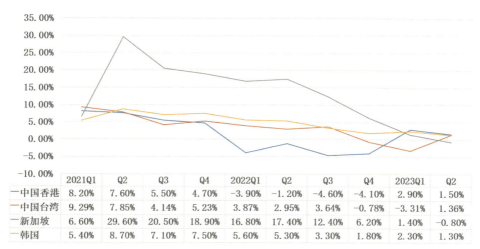

图4-2 亚洲四小龙GDP同比实际变动百分率（2021年一季度至2023年二季度）

资料来源：World Bank，台湾地区统计资讯网，香港特别行政区政府统计处，Korea National Statistical Office，Singapore Department of Statistics。

表4-1 2020—2023年上半年亚洲四小龙经济总量（GDP）比较

单位：十亿美元

国家/地区	2020年	2021年	2022年	2023年1—6月
中国香港	344.94	368.91	359.84	182.36
新加坡	348.39	423.80	466.79	260.21
中国台湾	673.25	775.84	761.40	365.21
韩国	1644.31	1810.96	1665.24	969.50

资料来源：World Bank，台湾地区统计资讯网，香港特别行政区政府统计处，Korea National Statistical Office，Singapore Department of Statistics。

（二）劳动力市场持续改善、私人消费强劲复苏，多个行业收益明显改善

随着本地经济复苏，劳动力市场持续改善，经季节性调整的失业率由2023年第一季度的3.1%下降至第二季度的2.9%，就业不足率由1.2%微跌至1.1%（图4-3）。多个主要行业的失业率下跌（图4-4），个别行业出现严重缺工的情况。私人消费支出在第一季度上升13%的基础上，第二季度继续上

升8.2%。香港特区政府于2023年4月向约650万名合资格市民发放第一期消费券，为市场注入约330亿港元的消费力，7月香港特区政府向650万名市民发放2023年第二期2000港元电子消费券，对私人消费市场的改善起到一定的作用。

图4-3 整体劳动力市场情况

注：就业不足率是指就业不足人口在劳动人口中所占的比例，就业不足人口包括在统计前7天内在非自愿情况下工作少于35小时，而在统计前30天内有找寻更多工作，或即使没有找寻更多工作，但在统计前7天内可担任更多工作的就业人士。

资料来源：香港特别行政区政府统计处。

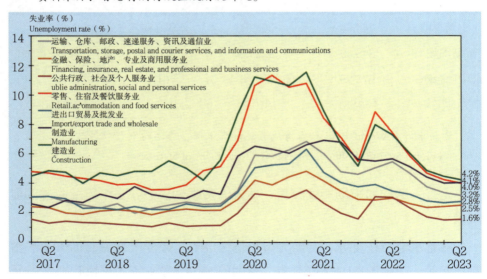

图4-4 多个主要行业的失业率下跌

资料来源：香港特别行政区政府2023年第二季度经济情况&2023年最新经济预测。

第四章
香港经济：稳定、复苏与增长

主要服务行业的业务收益指数均呈现较大升幅。2023年上半年，香港的零售、住宿服务、餐饮服务、银行、保险、地产以及旅游、会议及展览这些主要服务行业的业务收益指数显著上升（图4-5）。与内地通关后，香港特区政府推出了多项活动（如"你好，香港！"、"开心香港"和"香港夜缤纷"等）措施吸引游客，访港旅客及本地消费增加。

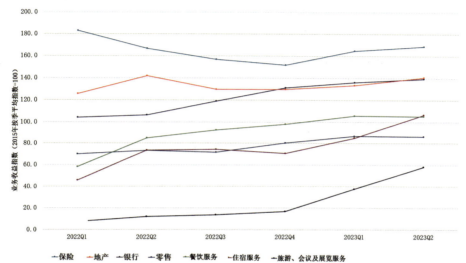

图4-5　部分服务行业业务收益指数（2015年按季平均指数=100）

资料来源：香港特别行政区政府统计处。

过去三年，香港不断升级城市建设和旅游产业，建成许多文化艺术新地标。比如，规模最大的艺术文化中心西九文化区、亚洲首个全球性当代视觉文化博物馆M+、香港故宫文化博物馆，吸引了不少内地及海外的游客。根据香港入境处统计，2023年"五一"假期入境香港的内地访客数量达到62.55万人次，恢复到2019年同期的六成水平。中秋、国庆假期（9月29日至10月6日）总计109万人次内地旅客访港，平均每日内地旅客入境136495人次（图4-6），较"五一"假期高约一成。与疫情前比较，约为2017年、2019年国庆假期的85%，或2017年、2018年的70%。

本地主要制造业的工业生产指数也出现上升。该指数反映本地工业生产量的实际变动（即撇除价格变动因素后本地生产量的变动情况）。2023年一季度工业生产指数同比2022年上升3.8%，二季度同比2022年上升2.6%，其中以纺织制品及成衣业的工业生产指数升幅最大，纸制品、印刷及已储录资料媒体复制业、食品和饮品、金属、电脑、电子及光学产品、机械及设备业等行业均呈现不同程度的增长（图4-7）。

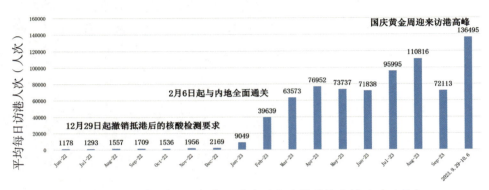

图4-6　2022年6月至2023年10月中国内地访港旅客情况（日均）

资料来源：香港特别行政区旅游发展局，中华人民共和国香港特别行政区政府入境事务处。

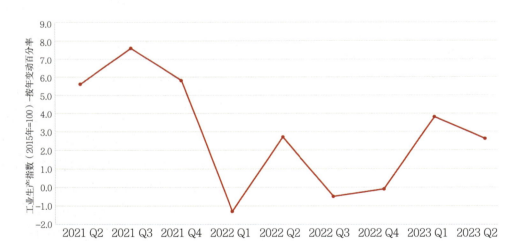

图4-7　整体制造业的工业生产指数按季度变动率

资料来源：香港特别行政区政府统计处。

（三）全球市场需求收缩，货物出口大幅下跌

受全球市场需求下降的影响，尤其是美国、欧元区及中国内地的货物进口需求持续下滑（表4-2），2023年1—9月，香港地区的商品整体出口额较2022年同期下跌12.32%，进口额下跌9.74%。对主要市场的出口均呈下降态

势,比如,对内地跌15.7%、对美国跌11.9%、对日本跌21.4%、对新加坡跌23.9%、中国台湾地区跌14.7%、对印度跌11.9%。

表4-2 按主要市场划分的整体商品出口 [同比实际增减率（%）]

年份	2022年	2023年		
国家/地区	全年	第一季度	第二季度	第三季度
中国内地	−20.6	−27.2	−17.6	−12.0
美国	−10.7	−13.3	−22.9	−8.5
欧盟	−10.5	−8.7	−18.4	−15.5
东盟	2.1	−18.6	−19.2	−9.0
印度	26	−17.5	−25.3	−9.7
韩国	7.3	0.2	−11.7	−15.3

资料来源：香港特别行政区政府统计处。

香港地区贸易发展局出口指数在2023年第二季升至47.8的两年高位后，第三季回落7.3点至40.5，各行业的出口信心均见减弱。但从市场划分可以看出，香港地区出口商继续较为看好亚洲市场前景，其中以东盟前景最佳，2023年第三季度指数为41.6（图4-8），其次是日本（39.1）和中国内地（38.6）。此外，新订单指数在2023年第三季大幅下跌12.5点至32.6。

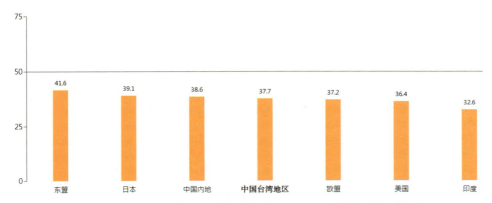

图4-8　2023年第三季度香港贸易发展局出口指数（按市场划分）

注：50以上为正面，50以下为负面。
资料来源：香港贸易发展局。

从亚洲其他主要国家和地区的情况看，2023年上半年，新加坡、中国台湾地区、韩国、日本、越南、印度的出口值均大幅下跌，同比2022年分别下跌10.03%、17.79%、12.38%、6%、11.9%和8.07%（表4-3）。

表4-3 2021—2023年上半年亚洲部分国家和地区商品出口情况比较

年份	2021		2022		2023年1—6月	
国家和地区	出口值（百万美元）	变动率	出口值（百万美元）	变动率	出口值（百万美元）	变动率
中国香港	669903	22.07%	609925	-8.95%	269353	-12.35%
新加坡	457357	26.16%	515802	12.78%	233764	-10.03%
中国台湾	447693	28.95%	477778	6.72%	202031	-17.79%
韩国	644400	25.74%	683585	6.08%	307130	-12.38%
日本	756032	17.89%	746920	-1.21%	350927	-6.00%
越南	335978	18.88%	371288	10.51%	164726	-11.90%
印度	395426	43.06%	453400	14.66%	218794	-8.07%

资料来源：WTO Statistic。

亚洲主要国家和地区的出口下跌与美国和欧元区货物进口需求大幅减少有关（图4-9）。美国自2021年第三季度开始，进口需求持续下跌；欧元区主要受俄乌冲突的影响，自2022年第四季度开始其进口需求持续大幅下跌。

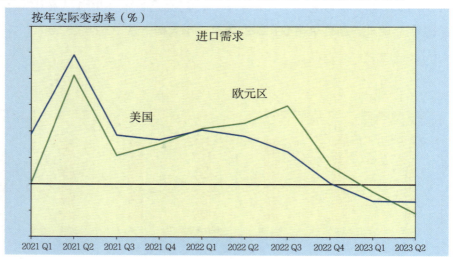

图4-9 美国、欧元区货物进口需求

注：欧元区在2023年第二季度的进口需求是根据2023年8月中的资料计算得出的。

资料来源：香港特别行政区政府2023年第二季度经济情况&2023年最新经济预测。

（四）股票市场持续低迷，新股数量及融资总额为过去十年低位

由于全球宏观经济不稳定因素增加，尤其是受美国连续加息的影响，香港IPO市场2023年前三季度仅有44宗IPO上市，募资总额约为239.03亿港元（表4-4、图4-10），分别较2022年同期减少65%和15%，香港的全球IPO排名下跌至第八位。预计2023年全年，香港新股市场或将迎来过去11年以来的最低融资水平。

表4-4　全球IPO市场融资额比较

时间	2023年1—9月	
市场	上市数量（个）	募集总额（亿港元）
港股	44	239.03
美股	191	229.89
A股	264	3236.46

资料来源：LiveReport大数据，含SPAC及介绍上市，不含GEM转板。

Choice数据显示，截至2023年9月11日，恒生指数为18096点，自2021年的最高点31183点累计下跌约42%。恒生科技指数近期则在4000点上下徘徊，较2021年高点累计下跌超60%。截至2023年9月11日，港股总市值为43万亿港元，与2021年5月底峰值53万亿港元相比，蒸发将近10万亿港元。由于全球

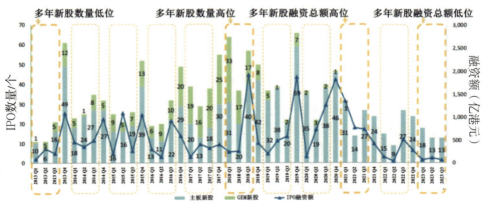

图4-10　2013—2023年第三季度香港新股市场情况

资料来源：德勤中国。

范围利率持续高企和经济增长放缓，预计香港IPO市场表现在短期内仍面临挑战。

（五）住宅及非住宅物业市场交易低迷，价格存在下行压力

受国际地缘政治局势持续升温、市场利率持续高企以及全球经济不明朗等诸多不利因素影响，香港整体住宅成交和楼价表现欠佳。2022年12月住宅楼价较前一年同期大幅下挫15.2%，是自2009年以来连续13年增长后首次出现跌幅，一手和二手市场的交易量同比下降39%。由于企业普遍寻求节约成本，部分企业迁离商业中心区及缩减写字楼面积，导致写字楼售价和交易量均下跌。2022年底整体写字楼空置面积为总面积的14.4%，甲级和乙级写字楼的空置率均为15.1%（表4-5）。除中区表现出8.7%的较低空置率外，所有分区的甲级写字楼均达到双位数的空置率。

表4-5　2018—2022年香港甲级写字楼的竣工面积、使用面积及空置面积

年份	2018	2019	2020	2021	2022
竣工面积（千平方米）	178	242	46	49	299
使用面积（千平方米）	234	169	−189	−18	42
空置面积（千平方米）	674	720	955	1023	1280
空置率（%）	8.7	9	11.8	12.5	15.1

资料来源：《香港物业报告2023》。

进入2023年，继续受外围经济环境疲弱以及加息的影响，住宅物业市场气氛及交易活动更趋清淡（图4-11）。第三季度住宅物业买卖合约总数环比上一季度下跌25%，同比2022年下跌21%，远低于2018—2022年的季度平均数。其中，二手市场交易较上一季下跌23%，一手市场交易急跌30%。同时，买卖合约总值较上一季下跌36%至780亿元。整体住宅售价有所下跌，但租金略有上升。

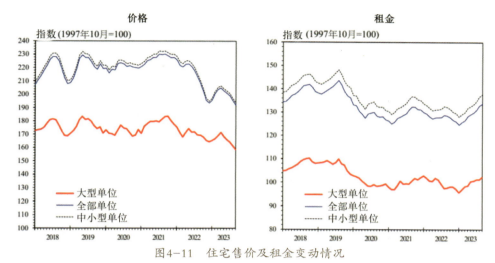

图4-11 住宅售价及租金变动情况

注：住宅物业价格指数只涵盖二手市场成交。大型单位指实用面积至少达100平方米的单位，而中小型单位则指实用面积小于100平方米的单位。

资料来源：香港特别行政区政府2023年第三季度经济报告。

2023年第三季度短期转售（包括确认人交易及24个月内转售）维持在低位，平均每月40宗，占总成交的1.2%，远低于2010年1—11月（即开征"额外印花税"前）的平均每月2661宗，显示交易量大幅度下降（图4-12）。

图4-12 住宅买卖交易量维持低位

注：确认人交易指于未完成交易之前的转售。

资料来源：香港特别行政区政府2023年第三季度经济报告。

非住宅物业方面，2023年第三季度写字楼交易量较上一季度大幅下降30%至140宗，较一年前的水平低10%，并显著低于2018—2022年230宗的季度平均水平（图4-13）。2023年9月零售铺位的售价和租金分别比2018年和2019年各自的高峰相比低17%和10%。而分层工厂大厦的9月售价比2019年的高峰低9%，比2021年的高峰高4%。

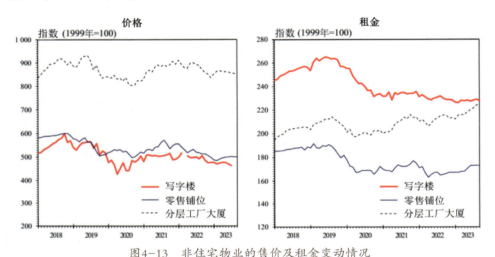

图4-13　非住宅物业的售价及租金变动情况

资料来源：香港特别行政区政府2023年第三季度经济报告。

二、当前香港经济面临的主要挑战

（一）经济结构单一，容易受外部市场的影响

香港属于外向型经济体，其经济发展长期高度依赖于金融服务、旅游、贸易及物流、专业服务及其他工商业支援服务，以上四个行业占香港GDP的55%以上，占就业人口总数的40%以上。其中，金融服务、贸易及物流占GDP的比例高达45%，占总就业人数的百分比接近25%（表4-6）。

表4-6　香港四个主要行业的增加价值占GDP的比重及就业人数占总就业人数的比重

四个主要行业	占GDP的百分比（%）				占总就业人数的百分比（%）			
年份	2018	2019	2020	2021	2018	2019	2020	2021
金融服务	19.8	21.2	23.4	21.3	6.8	7.1	7.5	7.6

续表

四个主要行业 年份	占GDP的百分比（%）				占总就业人数的百分比（%）			
	2018	2019	2020	2021	2018	2019	2020	2021
旅游	4.5	3.6	0.4	0.1	6.6	6	1.3	0.6
贸易及物流	21.2	19.7	19.8	23.7	18.6	17.5	16.9	16.6
专业服务及其他工商业支援服务	11.9	11.9	11.5	11.4	14.3	14.8	15.3	15.5
合计	57.3	56.4	55.1	56.4	46.3	45.4	41	40.2

资料来源：香港特别行政区政府统计处。

由于经济结构单一，香港容易受到外围市场的影响。自2022年3月开始至2023年8月，美联储已连续加息11次，联邦基金利率上调到22年内的最高水平（图4-14）。由于香港实行的是联系汇率制度，美联储持续加息，香港不得不同步加息，令香港楼市和金融市场承受较大的压力。香港市民的置业负担指数（即按揭供款相对入息比率）进一步上升（图4-15）。此外，加息造成本地市场的借贷成本提高，市场流动性收紧，加重了企业的营运负担。

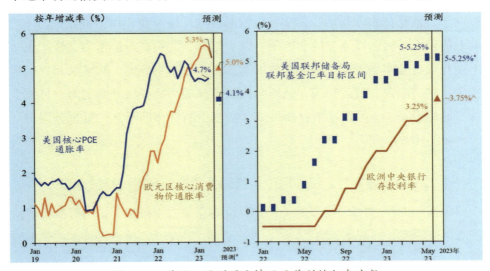

图4-14 美国、欧洲通胀情况及美联储加息次数

注：（1）私人机构分析员对2023年通胀的最新预测中位数。
（2）美国联邦公开市场委员会成员于2023年3月所作的预测中位数。
（3）相关利率衍生工具引申的预测，由彭博计算。

资料来源：香港特别行政区政府。

图4-15 香港市民的置业负担指数逐渐上升

注：45平方米单位的按揭供款（假设按揭成数为70%及年期为20年）相对住户入息中位数（不包括公共租住房屋和公营临时房屋的住户）的比率与金管局公布的平均供款与入息比率不同，后者是新批按揭贷款申请人的每月偿还债务与每月收入的比率。

资料来源：香港特别行政区政府统计处。

相比而言，新加坡、韩国和中国台湾的经济结构更为多元化。中国台湾以电子、信息技术和通信、化学和机械制造为支柱产业，以上行业占其GDP的七成以上。韩国以半导体和电子、航空航天、造船和海运作为支柱产业，上述行业占其本土生产总值的五成以上。新加坡在半导体、航空航天、生物技术、精密制造、航运物流、能源与化工等领域都具备雄厚的实力，目前全球半导体设备20%的产量来自新加坡、制冷压缩机和助听器产量也分别占全球产量的10%和30%。

（二）国际竞争力、贸易地位和跨国公司总部数量在持续下跌

根据2023年6月IMD发布的《2023年世界竞争力年报》，中国香港排名从2022年全球第五位下降至第七位。在四个竞争力因素中，受2022年的疫情高峰影响，中国香港的"营商效率"和"经济表现"排名下跌。但中国香港继续在"政府效率"取得全球第二名，而在"基础设施建设"的排名有所上升。

在国际贸易地位方面，根据世界贸易组织的数据，2022年香港是全球第十大商品输出地，比2020年下跌四位。按集装箱吞吐量全球排名，2022年香

港下跌至全球第九位（表4-7）。2013—2022年，香港的港口货柜吞吐量平均每年下跌3.2%。

表4-7 世界货柜港口排名（2018—2022年）

排名	2018	2019	2020	2021	2022
1	上海	上海	上海	上海	上海
2	新加坡	新加坡	新加坡	新加坡	新加坡
3	宁波-舟山	宁波-舟山	宁波-舟山	宁波-舟山	宁波-舟山
4	深圳	深圳	深圳	深圳	深圳
5	广州	广州	广州	广州	青岛
6	釜山	釜山	青岛	青岛	广州
7	中国香港	青岛	釜山	釜山	釜山
8	青岛	中国香港	天津	天津	天津
9	天津	天津	中国香港	中国香港	中国香港
10	迪拜	鹿特丹	鹿特丹	鹿特丹	鹿特丹

资料来源：香港特别行政区政府统计处。

从相关的业务收益指数观察，进出口贸易、批发、运输、水上运输、航运运输的收益指数均出现不同程度的下滑，特别是水上运输业从2022年第四季度最高峰的251，下滑至2023年第二季度的117.8（图4-16）。

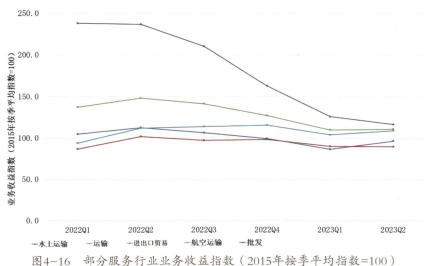

图4-16 部分服务行业业务收益指数（2015年按季平均指数=100）
资料来源：香港特别行政区政府统计处。

在跨国公司驻港总部数量方面，近年美国、欧洲等国家的跨国企业在中国香港的地区总部持续减少。美国从2018年的290家减少到2022年的240家，减幅最大；日本从2018年的244家减少到2022年的212家；英国、德国和法国都有不同程度的减少（图4-17）。

图4-17　2018—2022年按母公司所在地选定国家/地区划分的地区总部数目

与新加坡相比，2022年中国香港在机场货运量以及商品贸易总量上占优势，但在世界竞争力排名、集装箱吞吐量以及国际航运中心发展指数等方面落后于新加坡（表4-8）。中国香港也有一些跨国公司总部和金融人才流失到新加坡。

表4-8　2022年中国香港与新加坡在全球各项指标的排名比较

国家/地区	世界商品贸易排名	IMD世界竞争力排名	全球集装箱吞吐量排名	国际航运中心发展指数（ISCD）排名	ACI全球机场货运量排名
中国香港	10	5	9	4	1
新加坡	16	3	2	1	16

资料来源：香港特别行政区政府统计处、Airport Council International、瑞士洛桑管理学院IMD排名报告、WTO。

第四章 香港经济：稳定、复苏与增长

（三）中小企业的营业状况及盈利表现不稳定

截至2023年6月，香港的中小企业超过36万家，占香港商业单位总数的98%以上，并且为逾120万人提供了就业机会，占香港总就业人数（公务员除外）的44%以上。在从事各行业的中小企业当中，大部分都是从事进出口贸易及批发业务，其次是专业及商用服务业务。以上两类，占全港中小企业的比例超过42%，员工总数占中小企业就业人数的比例超过42%。

根据《渣打香港中小企领先营商指数》，香港2023年第三季度综合营商指数为46.7，按季度下跌6.1，回落至2023年第一季水平（图4-18）。从五个分项指数分析，营业状况及盈利表现的跌幅最为显著，分别下跌11.3和下跌9.6，反映香港中小企业对第三季度生意额的信心回落。

从主要行业看，制造业行业指数轻微下跌0.6，进出口贸易及批发业行业指数显著下跌7.6，零售业行业指数大幅下跌7，反映了外部及内部需求同时收缩，经济复苏的挑战依然巨大。此外，88%需要招聘的中小企业表示有困难。预期本季员工薪酬上升的香港中小企业较上季再增加2个百分点至34%，该百分比自2022年同期起已上升超过10个百分点，反映了香港中小企业所面对的成本上涨压力不断增加。

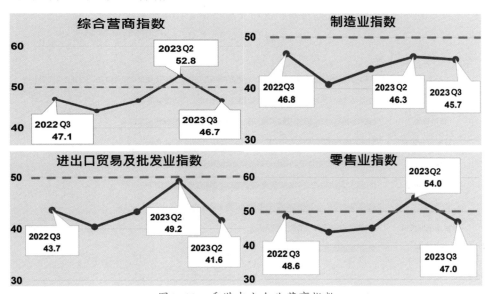

图4-18　香港中小企业营商指数

资料来源：《渣打香港中小企业领先营商指数》。

（四）人才流失严重，多个行业出现劳动力短缺的情况

根据香港总商会（HKGCC）的数据，香港的劳动力在2019—2022年减少了21万人，其中仅在2022年就有9.41万人离开了劳动力市场，达到自20世纪90年代初以来最大的流失规模。香港总商会2022年1月10—21日进行的调查显示，30～39岁及40～49岁是离开香港的两个主要年龄组别（图4-19），工程及技术类的员工占比最高（图4-20）。

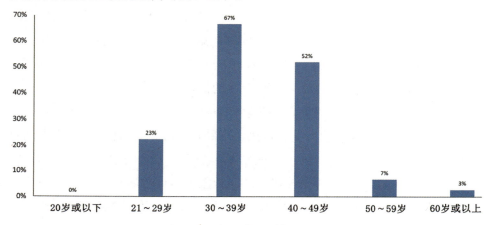

图4-19　离开员工的年龄组别

注：由于受访者最多可选择两个选项，故总计百分比会超过100%。
资料来源：香港总商会（HKGCC）2022年1月10—21日进行的调查报告。

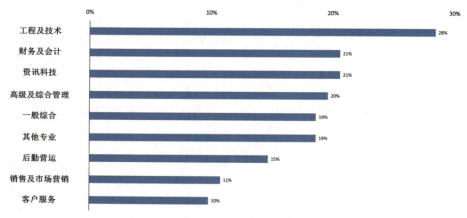

图4-20　离开员工主要的工作性质

注：由于受访者最多可选择两个选项，故总计百分比会超过100%。
资料来源：香港总商会（HKGCC）2022年1月10—21日进行的调查报告。

（五）产业发展面临土地短缺、高成本及配套不足的挑战

香港地区缺乏土地资源，公营房屋供应、各类产业及社区设施用地长期不足，多年来未能满足人口及经济发展的需求。中、低收入居民生活质量较低，香港地区每平方千米发展土地上的人口达到27400人，人口密度远高于伦敦（每平方千米11000人）、新加坡（每平方千米10700人）、纽约（每平方千米20800人）及印度孟买（每平方千米26400人）。据国际公共政策顾问机构Demographia（2022）的调查显示，香港地区已经连续12年位居全球最难负担的房地产市场榜首，房屋负担能力中位数倍数由2010年的11.4飙升至2021年的23.2，代表一个中间收入水平的香港人若想购买房屋，需要花费其23.2年的全部收入。香港地区的人均居住空间只有18.89平方米，低于东京（人均23.33平方米）、新加坡（人均30平方米）和深圳（人均33.33平方米）。此外，香港地区的营商及创业成本也很高，科技研发企业难以在本地实现产业化。目前香港科学园每月每平方米的租金分别是深圳光明科学城的4～5倍、新加坡启奥城的2倍、澳大利亚宾利科技园的4倍，阻碍了新兴产业及初创企业的发展及香港地区经济结构的多元化（表4-9）。根据仲量联行（2020）的调查显示，香港地区中环甲级写字楼的租金成本连续六年冠绝全球。

表4-9　各地科创园租金比较

各地科创园	租金（每月每平方米）
中国香港地区科学园	207～288港元
深圳光明科学城	约45港元
新加坡启奥城	108～189港元
澳大利亚宾利科技园	约54港元

资料来源：《港深生物科技合作研究报告：策动湾区港深引擎孕育生物科技新机》。

三、2024年香港经济展望

（一）从短期看，受全球经济放缓以及利率持续高企的影响，香港的外贸出口、金融及房地产市场仍将面临挑战

随着国际地缘政治局势急剧升温，全球经济面临进一步下行的压力。

据IMF2023年10月的预测，全球经济增长将从2022年的3.5%放缓至2023年的3.0%和2024年的2.9%，远低于历史（2000—2019年）3.8%的平均水平。发达经济体预计将从2022年的2.6%放缓至2023年的1.5%和2024年的1.4%。新兴市场和发展中经济体的增长率预计将从2022年的4.1%小幅下降至2023年和2024年的4.0%（表4-10）。

表4-10　IMF对全球经济的预测

经济体	2022年经济增长（%）	2023年经济增长预测（%）	2024年经济增长预测（%）
全球	3.5	3.0	2.9
发达经济体	2.6	1.5	1.4
美国	2.1	2.1	1.5
欧元区	3.3	0.7	1.2
日本	1.0	2.0	1.0
新兴市场和发展中经济体	4.1	4.0	4.0
中国	3.0	5.0	4.2
印度	7.2	6.3	6.3
俄罗斯	-2.1	2.2	1.1

资料来源：IMF World Economic Outlook Oct 2023。

预计短期内香港的对外贸易仍然会受到主要发达经济体经济下行的影响，但随着中美关系缓和，中美双向投资与贸易有望增长，香港亦会从中受惠。由于利率持续高企和经济增长放缓，香港IPO市场的表现在短期内仍面临挑战。房地产市场方面，香港特区政府过去数年加快推地，未来供应量增加，楼价会有一定下行压力。但由于开发商建筑成本较高，香港本地的刚性需求依然强劲，加上不少内地人才赴港发展，香港未来的楼价依然会有刚需的支撑。

（二）从中长期看，北部都会区、交椅洲人工岛及多个大型发展项目将拉动基建投资、就业及经济发展

香港特区政府在2021年首次发布《北部都会区发展策略》，为香港的长

远发展前景谋定新方略。北部都会区是香港未来发展的新引擎,全面发展后可提供约50万个新增房屋单位和50万个新职位,其规划将以"产业带动,基建先行"为主轴,深度对接深圳和大湾区其他城市,成为香港融入国家发展大局的重大节点。其中涵盖多个大型基建项目,以及产业和房屋用地项目,新田科技城项目(约600公顷土地,一半为创科用地)。按香港特区政府的规划,北部都会区将新增16.5万~18.6万套住宅,3条铁路,3条公路,粗略估计需要的开发资金超过万亿港元(表4-11)。

表4-11 "明日大屿"与北部都会区两项大型基建项目对比

项目	明日大屿	北部都会区
土地面积(公顷)	1000	30000
人口(万)	70	250
建设造价(亿港元)	5780	10000(估计)
开发周期	2025—2040年	2025—2039年
产业规划	商业、金融	科创
收入模式	短期卖地收入	长期税收收入
回报和效益	土地出售收回成本	科研投入与长远经济效益

资料来源:香港特别行政区发展局。

《2023年施政报告》亦提及新设立的"大型发展项目融资委员会"将会为交椅洲人工岛填海、相关基础设施及策略性运输基建提供财务建议,规划建设的1000公顷交椅洲人工岛上会兴建19万~21万个住宅单位,预计最多可容纳55万人口,并提供27万个就业职位,整个项目的总工程造价估算5780亿港元,最保守估计相关卖地收益达7500亿港元,加上在人工岛全面发展后,相关经济活动每年可带来约2000亿港元增加值,约占GDP的7%。北部都会区和交椅洲人工岛项目未来将带来大量的投资,创造大量的就业机会,产生巨大的社会效益及经济效益。

(三)从经济结构看,推动创新科技、培育新兴产业促进经济多元发展将为香港增添新的发展动能

香港是一个以服务业为主的外向型经济体,过于单一化的经济结构容

易受到外部因素的影响和冲击。自2023年初恢复与内地通关后,香港主要依靠旅游业及私人消费带动经济增长,金融业和国际贸易受外部因素的影响很大,由于产业过于单一,缺乏内源性增长的动力引擎,经济表现出不稳定性和脆弱性。因此,香港需要利用融入大湾区的机会,培育和发展多元化的经济结构,以保持经济的稳定性。

国家"十四五"规划中明确支持香港建设国际创新科技中心。香港在创科发展方面具有多方面的优势及机遇,比如国际化程度高、基础科研实力雄厚、完善的资讯科技基建、享誉全球的自由经济体等,但也必须与大湾区内地城市合作,弥补香港发展科创的短板,包括人才、科研成果转化、土地空间不足、缺乏产业配套以及生产成本高等。

香港特别行政区行政长官在《2023年施政报告》中指出,除了巩固金融、贸易、物流、航运、专业服务等传统优势产业外,会发掘新增长点,走产业化路线,推动创新科技、文化创意、医药研发、中医药、新能源交通等新兴产业发展。近年,香港特区政府在创科方面推出了多项举措,例如成立"InnoHK创新香港研发平台",汇聚了七间本地院校和研发机构,以及30多间来自11个不同经济体的顶尖科研机构,与本地院校合作设立28间聚焦医疗科技、人工智能和机械人科技的研发实验室,进行全球科研合作。香港特区政府还专门设立香港投资管理有限公司,进一步用好财政储备以促进产业和经济发展。2022年12月,香港特区政府创新科技及工业局首次发布《香港创新科技发展蓝图》,致力发展多元经济。

香港特别行政区行政长官在《2023年施政报告》中提出了多项政策举措,比如:**在建设医疗创新枢纽方面**,将计划重整及加强药物、医疗器械及技术监管和审批制度,设立全新"1+"机制,容许治疗严重或罕见疾病的新药,在符合本地临床数据要求并经相关专家认可后,只需提交一个(而非原来的两个)参考药物监管机构许可(例如国家药品监督管理局),便可以在香港有条件注册使用,以促进香港临床试验发展及新药使用;**在人工智能、微电子领域**,数码港从2024年起分阶段设立"人工智能超算中心",提升香港的研发能力及推动人工智能产业生态圈发展。在2024年内成立"香港微电子研发院",筹备建设第三个InnoHK平台,聚焦先进制造、材料、能源及可持续发展,并成立一所新的InnoHK研发中心,专注研发"生成式人工智能"

技术；设立100亿港元"新型工业加速计划"，为生命健康科技、人工智能与数据科学、先进制造与新能源科技的企业提供更多资助。

尤其值得期待的是**在卫星制造领域**，2023年7月香港航天科技集团下属的ASPACE香港卫星制造中心建成开幕，并同时启动香港卫星测运控中心和香港卫星数据应用中心。ASPACE预计一年可生产200颗以上的10～1000千克量级的卫星，预计将在2024年初完成香港第一颗卫星的制造，并于全年实现100颗卫星的制造及发射。

（四）从未来趋势看，香港与大湾区城市及内地其他省（区、市）的合作进一步加强，将创造更多的机遇

香港特别行政区行政长官在《2023年施政报告》中提到：香港将进一步加强对接国家"十四五"规划、粤港澳大湾区建设和"一带一路"高质量发展等国家战略，以促进国家与香港的整体发展。考察香港经济不仅要考虑GDP，还需要考虑香港居民在全球特别是在内地创造的收入。根据世界银行的统计，2022年按购买力平价（PPP）衡量的人均国民总收入（GNI），中国香港与美国接近，远超过英国、韩国、日本和欧盟（图4-21）。按照2023年第二季度按选定主要收入来源地国家/地区划分的对外初次收入流入的百分比

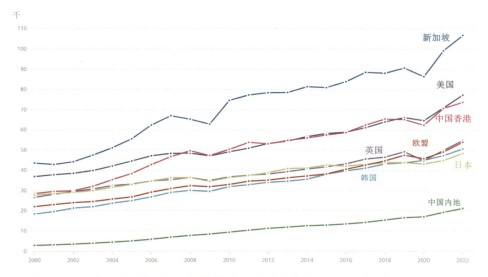

图4-21 按购买力平价（PPP）衡量的人均国民总收入（GNI）（现价国际元）
资料来源：世界银行。

分析，有40.5%来源于中国内地，其次分别是英属维尔京群岛（17.4%）、开曼群岛（10.4%）、美国（6.3%）等国家和地区（图4-22）。

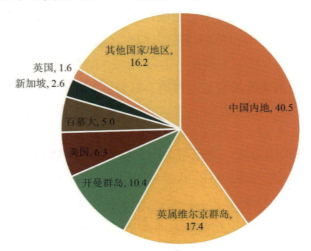

图4-22　2023年第二季度按选定主要收入来源地国家/地区划分的对外初次收入流入的百分比（%）（以当时市价计算）

资料来源：香港特别行政区政府统计处。

分析香港制造业时，需要把香港向内地迁移的港资企业联系起来，这部分工业虽然不能直接计入香港GDP，但却会创造香港的国民收入（GNP），这不仅代表了香港工业（制造业）的扩展和延伸，也帮助香港居民提升收入、海外工作机会及整体生活质量。①根据香港工业总会于2021年发表的报告，2019年港资制造企业在内地资产约8.5万亿元人民币，约占全国工业企业资产的7.1%，相当于当年香港GDP（2.9万亿港元）的3倍多；利润总额约为6093亿元人民币，约占全国工业企业利润的9.3%，相当于当年香港GDP的23.7%。②在内地投资的港资制造业，约一半在广东省，其余主要分布在江苏省、浙江省、福建省和山东省。在广东省的港资制造业主要集中于珠三角地区，仅东莞市就有7000家港资企业。

在内地投资的港资制造业，不仅直接影响香港GNP的增长，而且由于大

---

① 资料来源：〔美〕苏珊·博尔格，〔美〕理查德·K. 李斯特《由香港制造：香港制造业的过去·现在·未来》，第14页。
② 资料来源：香港工业总会在2021年发表的报告《香港制造：香港工业启新章》。

多数企业的运营总部均在香港,与香港本地的生产性服务业、进出口贸易息息相关。根据香港中华厂商联合会于2020年发表的研究报告显示,港商在内地部分生产用的原料经香港进口的比率超过半数;针对高价值和设有严格到货期限的制造产品,经香港出口仍是首选;在会计／财务及审计支出方面,约八成是用香港的专业服务。

因此,香港经济未来的增长潜力与香港企业在内地的运作(即香港与内地设双总部模式)息息相关。随着粤港澳大湾区建设不断深入推进,越来越多的香港居民将在大湾区工作、生活、创业,港资企业和香港居民在内地所取得的收入虽不能反映在香港本地的生产总值中,但属于香港居民总收入的一部分。因此,进一步加强香港与大湾区城市及内地其他省份的合作,为港人港企在内地发展创造更多有利的条件,是保持香港经济稳定发展及内地经济进一步国际化的有效双循环衔接策略。

香港在"一国两制"下具有背靠祖国、联通世界的独特优势,是国内国际双循环的重要衔接点,环香港的一系列国家级地区协同发展试验区,如河套、前海、横琴、南沙及香港北部都会区,将帮助香港吸引越来越多国际及内地的企业在香港设立海外总部及研发中心,并在附近内地城市设立生产制造基地及服务运营总部,这种跨境双总部／多总部的模式将会进一步提升香港及大湾区作为亚太商业枢纽的地位,为香港及大湾区带来源源不绝的发展机遇。

第五章

澳门经济：创新、多元化与可持续发展

【摘要】澳门是一个典型的微型经济体，呈现经济波动幅度大、产业结构一元化的显著特征。新冠疫情造成博彩收入断崖式下滑、整体经济下行、居民失业率提高和收入水平下降，经济可持续发展面临极大挑战。同时，由于博彩业发展带来的副作用以及澳门自身所受的硬性和软性约束，澳门经济适度多元发展困难重重。通过在国家发展大局中扮演好"精准联系人"角色、积极参与粤港澳大湾区建设、利用粤澳深合区创新优势、夯实综合旅游业和促进新兴产业发展，以创新为主要动力，完善相应的制度、人才和资金保障，澳门能够实现多元化和可持续发展。

一、澳门经济发展现状与特征

（一）整体经济大幅波动

始于2020年初的新冠疫情持续三年，对澳门这一外向型经济体造成巨大影响。如图5-1所示，2020年四个季度澳门的实际GDP增长率分别低至−46.8%、−66.4%、−61.8%和−43.2%，导致全年的GDP增长率低至前所未有的−54.2%。2021年整体经济有所恢复，在第二季度经济增长率一度高达80.5%，2022年则又变为四个季度全部负增长。2023年疫情防控政策放开后，澳门经济迅速恢复，第二和第三季度的经济增速分别高达102.0%和116.1%。[①]可见经济剧烈波动是澳门近期的发展特点。

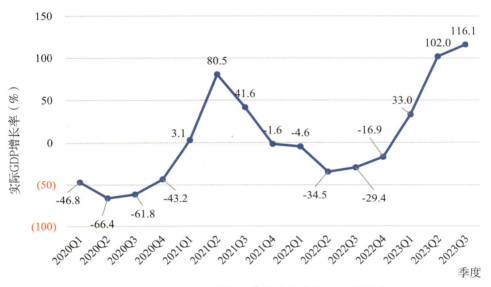

图5-1　2020—2023年第三季度澳门实际GDP增长率
注：图中数据为同比增长率。
资料来源：澳门特别行政区政府统计暨普查局。

澳门是一个微型经济体，经济波动幅度大是其固有特点之一。回归以来，澳门的经济实现了快速发展，同时也由于各种原因经历了剧烈波动。图5-2显示，澳门实际GDP从1999年的1118.88亿澳门元提高至2013年的最高值5069.06亿澳门元，然后下跌至2022年的1766.20亿澳门元。[②]其间，有回归之初"固本培元"下的稳健发展，2002年开始的"赌权开放"和经济加速，2007—2009年全球金融危机下的经济止步，2010—2013年的迅速崛起，2014—2016年的博彩业调整和经济下滑，经过"止跌回升"及恢复后，却在2020年受到了新冠疫情的剧烈冲击而直线下跌。人均GDP出现了相似的波动趋势，1999年澳门人均实际GDP为26.18万澳门元，2013年达到历史高值85.23万澳门元，新冠疫情之前的2019年为65.60万澳门元，而2020年则断崖式下跌至

[①] 资料来源：澳门特别行政区政府统计暨普查局。若无特别说明，本章所有数据均为此来源。
[②] 以2021年价格按支出法计算。

29.68万澳门元，2022年继续降至26.05万澳门元。可见，迅速发展和剧烈波动是澳门回归以来经济发展的重要特点。

图5-2　1999—2022年澳门实际GDP和人均实际GDP

注：以环比物价（2021年）按支出法计算。

资料来源：澳门特别行政区政府统计暨普查局。

（二）主导产业博彩业剧烈波动

博彩业是澳门的主导产业。 2019年博彩产业增加值占GDP的51.12%。[①]疫情对博彩业形成极大冲击，如图5-3所示。2019年四个季度，博彩业毛收入均超过700亿澳门元，2020年第一季度就下跌了57.73%，第二季度则跌至33澳门亿元。2021年略有恢复后，2022年的博彩业毛收入继续下跌，并且低于2020年同期水平。疫情后的2023年博彩业迅速恢复，前8个月博彩业毛收入增至1144.47亿澳门元，全年博彩业毛收入1837.01亿澳门元。[②]

从产业增加值和产业结构看，博彩产业增加值从2019年的2225.34亿澳门元断崖式下跌至2020年的418.08亿澳门元，跌幅高达81.21%，博彩业占GDP的比重从51.12%下降至21.11%。2022年博彩产业增加值进一步下降至298.10

[①] GDP和博彩产业增加值均以当年生产者价格按生产法计算得出。

[②] 资料来源：澳门特别行政区政府统计暨普查局。

图5-3 2019—2023年第三季度博彩业毛收入
资料来源：澳门特别行政区政府统计暨普查局。

亿澳门元，占GDP的比重降至15.11%，甚至还低于金融业①的17.12%，降为澳门的第二大产业。当然，澳门产业结构的大幅变动只是暂时的。澳门回归祖国以来形成和保持了博彩业"一业独大"的产业结构，有其历史原因和必然性。

澳门回归祖国以前，经济发展缓慢且1996—1999年出现连续四年的负增长。1999年澳门回归时，博彩业是最大的产业部门。为了应对有所下滑的经济，澳门特区政府借博彩业独家专营赌牌到期之际，实施了"赌权开放"政策，以继续保持澳门在亚洲博彩业中的领先地位。最终，澳门博彩业在2002年形成了三张主牌、三张副牌的寡头市场结构。赌权开放和竞争机制的引入，给澳门博彩业的发展带来了机遇，为博彩业的新一轮腾飞创造了条件。同时，2002年恰逢"非典"暴发，导致2003年上半年澳门旅游业几近瘫痪。针对此现象，自2003年7月开始，中央政府对广东、北京、上海等部分省市实施了港澳"自由行"政策，内地赴港澳游客快速增长。港澳自由行政策带来充足客源是澳门博彩业迅速发展的重要外部原因。

自澳门回归以来博彩业迅速发展，博彩业毛收入在2002年和2003年分

---

① 此处金融业指银行业与保险及退休基金两个子产业之和。

别达234.96亿澳门元和303.15亿澳门元。1999年博彩业在GDP中的占比为30.09%。①紧随博彩业之后的三大产业，为不动产业、制造业和公共行政业，三大产业占比之和为28.38%，低于博彩业；2003年，博彩业占比提高至42.13%，三大产业占比之和降为20.36%，其中不动产业最高，但其占比也不到10%（8.87%）。澳门迅速形成博彩业"一业独大"的产业结构。2003年后，博彩业发展迅速，博彩业毛收入逐年增加至2007年的838.47亿澳门元；2007—2009年全球金融危机时期，澳门博彩业略受影响，但保持了上升趋势；2010—2013年是澳门博彩业的爆发期，2013年博彩业毛收入高达3618.66亿澳门元，相当于2003年的11.94倍。澳门博彩业在GDP中的占比不断攀升，2013年高达62.87%，而此时的非博彩业三大产业即不动产业、批发及零售业和租赁及工商服务业占比之和仅15.92%。此后，由于博彩业自身的调整，其发展有所下滑，但直至2019年，博彩业占比一直保持在46%以上。

从就业人口行业构成看，2003年博彩业就业人口占全部就业人口的11.64%，低于制造业和批发及零售业，2005年则成为最大的就业部门，2007—2019年，一直有大约四分之一的就业人口就职于博彩业，紧随其后的是酒店及餐饮业，就业人口占比在15%上下，而该产业与博彩业密切相关。可见，以就业人口衡量，博彩业依然是澳门的主导产业。

虽然疫情导致博彩业产值大跌，全年博彩业毛收入难以再次达到3600多亿澳门元的历史纪录，但是博彩业已在2023年迅速恢复，目前仍是澳门经济最重要的支柱产业。

（三）经济适度多元发展尚未实现

博彩业"一业独大"的状况一直未能改善。澳门的新兴产业也受到新冠疫情的影响，但是在博彩业严重下滑的背景下，新兴产业的作用和地位在一定程度上显示出来。回归以来，澳门特区政府支持的新兴产业不断调整。当前，中医药大健康产业、现代金融业、高新技术以及会展商贸和文化体育等产业是澳门特区政府大力支持的新兴产业。疫情以来金融产业②增加值在

---

① 作者使用以当年生产者价格按生产法计算的GDP和博彩及博彩中介业产业增加值数据计算得出。
② 澳门统计暨普查局并未统计除金融业以外的其他新兴产业的增加值。

GDP中的比重大幅上升,2019年为6.86%,2020—2022年分别上升至12.58%、15.46%和17.12%,成为2022年澳门最大的产业部门。与大健康产业密切相关的医疗卫生及社会福利产业的增加值占比从2019年为1.44%,2020—2022年分别上升至3.44%、3.10%和3.90%。虽然会展业早在2003年就被确定为澳门的新兴产业,但从会展自身收支看,该产业一直处于亏损状态。会展业同样依赖于旅客,因而最近几年亏损状况有所恶化,2020—2022年展览的利润额分别为-0.84亿元、-0.95亿元和-1.21亿元。①

从2008年开始,澳门特区政府历年的《施政报告》都将经济适度多元发展作为施政重点之一,且澳门统计暨普查局自2015年开始构建了经济适度多元发展统计指标体系,以监测经济多元化情况。但迄今为止,澳门的经济适度多元发展并未实现。

首先,博彩产业自身的多元发展并未显现。2019年,博彩企业来源于博彩业务和非博彩业务的收入比重分别为89.63%和10.37%,来源于博彩业务的比重略高于2016年。其次,新兴产业发展缓慢。2003年澳门特区政府《施政报告》就将会议展览业和中医药产业作为重点培育和支持的新兴产业,并明确提出将通过科技发展基金进行鼓励。虽然有政府的大力支持,但是产业发展缓慢。2019年"两产业"的增加值仅分别占全部产业增加值的0.67%和0.07%。其他的新兴产业也发展迟缓,文化产业在2008年被确定为新兴产业,到2019年,其产值仅占地区总产值的0.68%;金融产业在2016年被确认为新兴产业,2019年其产业增加值占比虽达到6.81%,但与2016年持平。②同时,经济多元化指数显示,在疫情发生前的2019年,澳门的经济多元化熵指数为2.18(按当年基本价格计算,见表5-1),低于之前的大部分年份。

可见,无论经济是横向发展还是纵向发展,都未能看到明显的多元化迹象。虽然国家和澳门特区政府反复强调澳门经济适度多元发展的必要性,但经济多元发展之路却举步维艰。

---

① 根据澳门特区政府统计暨普查局提供的展览的收入总额和支出总额数据得出。
② 以当年生产者价格按生产法计算。数据来自澳门特别行政区政府统计暨普查局《澳门经济适度多元发展统计指标体系分析报告》(2019)。

表5-1 按生产法计算的经济多元化熵指数

年份	按当年生产者价格计算	按当年基本价格计算
2002	2.15	2.33
2007	1.93	2.22
2012	1.49	1.96
2013	1.49	1.95
2014	1.61	2.04
2015	1.87	2.20
2016	1.92	2.24
2017	1.86	2.21
2018	1.82	2.18
2019	1.82	2.18
2020	2.24	2.30
2021	2.21	2.32

资料来源：澳门特别行政区政府统计暨普查局，《澳门经济适度多元发展统计指标体系分析报告》（2021年）。

（四）疫情影响就业与劳动收入

疫情造成经济下滑、劳动力需求下降，从而导致澳门本地居民的失业率和就业不足率[1]上升。如图5-4所示，二者分别从2019年第一季度的2.3%和0.6%提高至2022年第三季度的5.2%和17.9%。这是2008年有相关统计指标以来的最高值。并且可以看出，疫情期间就业不足率相比失业率上升的幅度更大，说明很多企业在面临成本压力的时候，选择了减少工人的工作时间而不是解雇工人，这在一定程度上对严重的失业问题起到了缓解作用。

---

[1] 根据澳门特区政府统计暨普查局的资料，就业不足人口是指同时满足以下两个条件的人口：第一，在调查日前7天内非自愿地工作少于35小时；第二，可随时接受更多的工作或在调查日前30天内正寻找更多工作的人士。https://www.dsec.gov.mo/zh-MO/Knowledge/Encyclopedia/14984。

第五章
澳门经济：创新、多元化与可持续发展

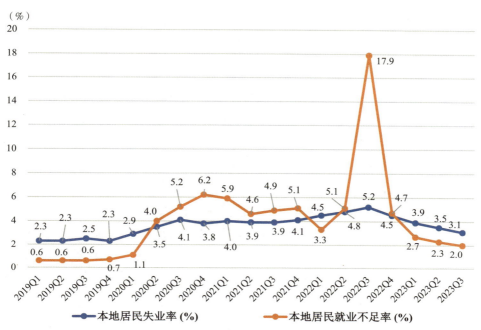

图5-4　2019—2023年第三季度澳门的失业率与就业不足率
资料来源：澳门特别行政区政府统计暨普查局。

疫情前澳门的失业率和就业不足率一直保持在较低的水平。得益于澳门经济的快速发展和澳门特区政府对本地居民就业的保护政策，2012—2019年劳动力总体失业率和就业不足率分别不超过2%和0.8%；本地居民失业率和就业不足率也很低，分别不超过3%和1%。[①]澳门特区政府引进外地雇员时坚持"补充性"原则，企业要雇用外地雇员需要以先雇用本地雇员为前提条件。特区政府一直强调该原则，实证研究也证明外地雇员的确起着"补充性"作用。[②]所以疫情对劳动力的影响首先表现为外地雇员数量减少。2019年第四季度澳门外地雇员数量为19.65万人，主要来自中国内地（62.26%）、中国香港地区（2.34%）以及菲律宾（17.19%）、越南（7.53%）等东南亚国家。2022年第三季度外地雇员数量下降为15.38万人，共减少4.27万人，其中中国内地

---

① 总体失业率指标包含外地雇员，外地雇员若失业大部分会离开澳门，所以总体失业率低于本地居民失业率。
② 资料来源：娄世艳：《澳门的劳动力供给与需求研究——兼论外来劳动力与本地劳动力之关系》，载《澳门研究》2017年第1期，第37—53页。

15692人，菲律宾9220人，越南6995人。澳门外地雇员数量在2023年第三季度恢复至17.17万人。可见，中国内地、中国香港地区和东南亚国家是中国澳门地区劳动力的主要来源。

疫情对澳门本地居民的工作收入也产生一定影响。从就业居民的月工作收入分布看，月工作收入低于20000澳门元的就业居民占比从2019年第四季度的43%提高至2020年第四季度的51.15%，此后几个季度为47%～48.5%。可见，疫情期间澳门本地就业人口的工作收入下降。

综上所述，作为微型经济体，澳门本身具有经济波动幅度大、博彩业"一业独大"、经济适度多元发展未能实现的特点。新冠疫情发生以来，澳门的整体经济，特别是博彩业受到严重冲击，博彩业收入大幅下滑、经济负增长、居民收入下降、失业率和就业不足率提高，显示出经济多元发展的必要性。2023年以来澳门社会经济各方面迅速恢复，但无论是维持经济可持续发展还是促进经济适度多元发展，都面临不小的挑战。

二、澳门经济发展面临的问题与挑战

虽然经济单一化是微型经济体的特点，但澳门的主导产业博彩业有其特殊问题。国家和澳门特区政府很早就意识到澳门博彩业"一业独大"产业结构存在的问题，力图推进经济适度多元发展。2005年开始，中共中央政府在多个国家级文件中指出要支持澳门经济适度多元发展，并为此出台了一系列政策和安排；澳门特区政府从2008年开始就将促进经济适度多元发展作为施政重点之一。但迄今澳门经济适度多元发展未见显著效果。其中，最主要的原因在于，受制于自身资源与市场的严重约束，往往难以形成完整的产业结构，产业具有"一元代"的特点；其次，澳门博彩业作为主导产业有其历史渊源，同时对其他产业产生挤出效应，因而短期较难改变。

（一）博彩业"一业独大"产业结构的问题

1. 博彩业发展面临挑战

若澳门博彩业能够保持平稳增长并吸引更多外国旅客，在"一国两制"制度环境下，澳门经济能够维持稳定发展的态势。但是，国内外社会经济环境的变化对博彩业的发展造成了严重冲击，澳门经济若继续依赖博彩业，则会存在巨大风险。

博彩业是一个古老的行业，澳门是近现代社会最早实施博彩合法化的地区之一。近五十年，出现了全球范围内博彩业迅速发展的现象，就亚洲而言，马来西亚、菲律宾、韩国、越南、老挝、柬埔寨、朝鲜、缅甸等国家开始发展博彩业，最近十几年，新加坡和日本等国家也使博彩合法化，并且我国内地游客也是这些赌场的重要目标群体，这进一步增大了澳门博彩业面临的竞争压力。虽然澳门博彩业闻名全球，有"东方拉斯维加斯"之称，但是澳门微型经济体的性质以及博彩业"一业独大"的产业结构，导致澳门缺乏其他的"标签"以吸引全球旅客。因此，在激烈的竞争中，澳门并不占优势。2019年，内地游客占旅澳门游客的比例高达70%，澳门博彩业内地游客"一源独大"，导致其对内地的政策和居民收入等方面的变化反应非常敏感，增加了可持续发展的风险。

2. 博彩业带来负外部性

毋庸置疑，澳门回归祖国以来博彩业的迅速发展为其带来诸多益处，例如促进澳门经济迅速发展、解决居民就业问题、增加公共财政收入、提高居民福利水平等。但同时，博彩业"一业独大"的产业结构也给澳门经济和社会发展带来一系列问题。主要包括：第一，提高了经济的波动性。如图5-5所示，澳门经济高度依赖于博彩业，博彩业的波动对其经济产生巨大影响；而博彩业又依赖外部客源，波动幅度大。第二，博彩业对其他产业形成挤出效应。博彩业的迅速发展和高工资，导致劳动力涌向博彩业，引起其他产业劳动力短缺和劳动成本提高。同时，经济快速发展，大幅提高了澳门的房价，提高了其他产业的房屋租赁成本。第三，形成了政府公共财政对博彩业的高度依赖。澳门博彩税基本与博彩业毛收入保持了相同的变化趋势，博彩税在公共收入中的比重在2003—2007年保持在55%~70%，2010—2019年则高达75%~85%。这在大幅增加财政收入的同时，形成了公共财政对博彩业的依赖，降低了政府的经济多元发展动机。第四，造成人才投资不足和人才流失。博彩业的相对高工资与低学历和技能要求，曾一度吸引青少年辍学进入博彩业。同时，"一业独大"产业结构使工作岗位较为单一，"在澳门缺乏发展机会、找不到喜欢的职业或没有心仪的行业可供选择"等，是造成高

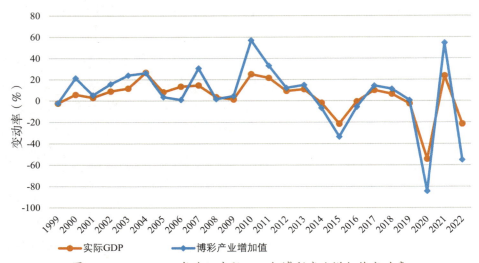

图5-5 1999—2021年澳门实际GDP与博彩产业增加值变动率
注：作者根据以环比物价（2022年）按支出法计算的产业增加值数据计算得出。
资料来源：澳门特别行政区政府统计暨普查局。

校毕业生去外地升学及就业的重要原因。①这造成了澳门人才流失。第五，博彩文化形成消极影响。自2007年开始，澳门大学每三年进行一次"澳门居民参与博彩活动调查"，大部分调查结果显示，博彩文化具有"传染性"，在澳门出生或较早移居澳门以及博彩从业人员的博彩活动参与率较高。②部分博彩参与者存在赌博失调问题，危害家庭与社会。澳门是世界闻名的"赌城"，"在一定程度上削弱和阻碍了澳门人文景观的清晰度及其发展，模糊和限制了澳门久负盛名的历史文化的真实轮廓及其生存空间"③，不利于澳门树立良好的国际形象。第六，澳门博彩业内地客源"一源独大"，内地客源占比高达七成，造成内地资金的外流，在"一国两制"、粤港澳大湾区建设以及港

---

① 资料来源：澳门特别行政区政府教育及青年发展局：《澳门大专应届毕业生升学与就业意向调查统计报告》（2016-2022年），2023年11月9日。https://portal.dsedj.gov.mo/webdsejspace/internet/Inter_main_page.jsp?id=8493&。
② 资料来源：澳门大学博彩研究所。澳门居民参与博彩活动调查研究，2007，2010，2013，2016，2019，2022。澳门特别行政区政府防治问题赌博处－志毅轩。https://iasweb.ias.gov.mo/cvf/report.jsp。检视于2023年11月9日。
③ 资料来源：王世红：《试论塑造澳门城市文化形象》，澳门特别行政区政府文化局官网。http://www.icm.gov.mo/rc/viewer/10036/656。检视于2023年11月9日。

澳融入国家发展大局背景下，不利于实现澳门与内地的和谐发展。

可见，一方面博彩业自身发展面临巨大挑战，同时博彩业的发展给澳门带来一系列负面影响，经济适度多元发展势在必行。另一方面博彩业又对经济适度多元发展形成负向影响，是阻碍澳门经济适度多元发展的因素之一。《澳门特别行政区经济适度多元发展规划（2024—2028年）》将2028年的目标值设定为非博彩业增加值比重占总体发展指标的60%左右。

（二）澳门经济适度多元发展的主要瓶颈

澳门经济适度多元发展的必要性已然明了，但要实现经济适度多元发展并非易事。

1. 资源禀赋缺乏

经过多年填海造陆，澳门的土地面积从回归祖国时的23.8平方千米增加至2022年的33.3平方千米，有了85平方千米水域的管理权，但澳门依然是一个微型经济体，各类自然资源缺乏，大部分资本品和消费品均需进口。2022年，常住人口为68.28万人，平均每平方千米2.02万人，人口拥挤，产业用地少。在各项自然资源与文化资源中，相对而言澳门最丰富的还是旅游资源。虽然澳门被列入《世界文化遗产名录》，又是美食之都，但旅游资源在全球的知名度总体不高。

澳门经济主要由以博彩旅游业为主体的第三产业构成，劳动力密集度高，但澳门本地劳动力资源不足，需要大量外地雇员作为补充。2022年，澳门本地常住人口57.07万人，其中就业人口仅27.89万人，而外地雇员达15.49万人，外地雇员占澳门全部就业人口的比重超过三分之一。一般而言，通过专业化分工，把资源集中于某一产业或领域，有利于实现规模效益、提高劳动生产率和促进经济增长，而澳门劳动力规模小，要在激烈的竞争中实现多元发展，同时提高生产率，会非常困难。可见，澳门作为一个微型经济体，自然禀赋和劳动力资源短缺，形成了经济适度多元发展的束缚。

2. 人口老龄化

人口老龄化是一个全球性问题。虽然目前在发达国家和地区中澳门的老龄化程度不算高，但近十几年澳门的老龄化速度很快，2012年澳门总人口老年抚养比仅9.5%，2022年则迅速提高至18.3%。若以本地人口衡量，2022年澳门65岁及以上老年人口占比高达15.66%，老年人口抚养比达23.1%。按照国际通行标准，若某经济体中65岁及以上人口占总人口的比例分别超过7%、14%和20%，则该经济体分别为老龄化社会（aging society）、老龄社会（aged society）和超老龄社会（hyper aged society）。澳门已处于老龄社会。并且，根据澳门统计暨普查局的预测，2041年澳门本地老年人口占比将高达24.8%，老化指数将高达198.5。①日趋严重的人口老化必然带来社会总需求下降、劳动力减少、各项社会负担加大、社会创新能力下降，最终导致经济增长速度下降。面对人口老龄化，澳门的经济多元发展和社会经济可持续发展受到挑战。

3. 人才不足

在教育方面，澳葡政府采取自由放任的政策，导致回归祖国之前澳门居民的受教育水平很低。回归祖国以来，澳门特区政府开始重视并支持澳门教育事业发展，主要包括实施15年义务教育、大力发展高等教育等。此外，2012年将进入赌场的法定年龄从18岁提高至21岁，降低了部分青少年高中毕业或辍学而进入赌场工作的概率。澳门的各级各类教育获得迅速发展，人口和劳动力的受教育水平明显提高。具有高等教育学历的本地就业人口占比从2010年的20.91%迅速提高至2022年的46.36%（其中包含部分技术移民）。但澳门依然缺乏人才，主要原因在于：第一，澳门单一的产业结构导致工作岗位多样性不够，狭小的市场使人才的发展空间受限，因此，部分澳门居民离开澳门升学和就业，本地人才流失。第二，受到历史问题的影响，澳门居民相对安于现状，缺乏进取心，澳门特区政府对澳门居民就业的保护，进一步降低了澳门本地居民的竞争意识，导致澳门总体上缺乏能够通过创业、创新实现促进经济发展和带动居民就业的人才。第三，博彩业的相对高收入导致已有人才更多地流向博彩企业，而非新兴产业。总之，澳门缺乏人才，特别是能够带动新兴产业发展的人才。

4. 法律制度滞后

澳门回归以来，经济发展迅速，但与新兴产业发展相关的法律制度改

---

① 资料来源：澳门特别行政区政府统计暨普查局：《澳门人口预测2022—2041》，见https://www.dsec.gov.mo/zh-M0/Statistic?id=102。

革落后，阻碍了新兴产业的发展。迄今澳门有很多法律还是沿用回归祖国之前的，部分法律虽有修订，但速度缓慢，部分与新兴产业相关的法律制度近期才出台。例如，金融相关法律改革主要是在2018年之后，《融资租赁公司法律制度》（第6/2019号法律）、《保险业务法律制度》（第21/2020号法律）、《信托法》（第15/2022号法律）和《金融体系法律制度》（第13/2023号法律）等重要相关法律均为近年出台，《证券法》尚在计划中。此外，《中药药事活动及中成药注册法》（第11/2021号法律）及《中药药事活动及中成药注册法施行细则》（第46/2021号行政法规）在2021年才获通过。现代经济的发展依赖于科学技术，而现代科技的发展日新月异，澳门作为实施大陆法的地区，法律制度的更新不能追上科技发展的步伐，可能会导致其得不到完善的法律保障，妨碍科技的发展及其在产业领域的应用。

三、澳门经济可持续发展的路径及展望

在生产要素方面，澳门相对丰裕的仅有资本，自然资源、劳动力、人力资本都比较匮乏，技术水平相对落后。鉴于各方面面临的约束，澳门要实现可持续发展并不容易。并且传统上大规模的资本积累和密集的劳动力投入的"流汗方式"所带来的经济增长是不可持续的，而技术进步和效率提升属于"灵感方式"（inspiration），其带来的经济增长具有可持续性。[①]现代科学技术的不断进步，为澳门经济可持续发展带来更大可能性，澳门需要结合自身优势、发挥创新力量，也必须坚持科技是第一生产力、人才是第一资源、创新是第一动力[②]。

（一）发挥澳门所长，服务国家所需

"一国两制"是澳门最大的优势。党的二十大报告指出，"一国两制"

[①] 资料来源：程名望、贾晓佳、仇焕广：《中国经济增长（1978—2015）：灵感还是汗水？》，载《经济研究》2019年第54卷第7期，第30-46页。
[②] 资料来源：中华人民共和国中央人民政府网站，见https://www.gov.cn/xinwen/2022-10/16/content_5718815.htm。2022-10-16。

是中国特色社会主义的伟大创举，是香港、澳门回归祖国后保持长期繁荣稳定的最佳制度安排。"一国两制"下，澳门既在国内又在境外，在内外沟通中是一个缓冲地带，是内循环和外循环的交接点，起着重要的桥梁作用。澳门要实现可持续发展，首先必须充分发挥"一国两制"制度优势，积极融入国家发展大局，明确自身定位，发挥澳门所长，服务国家所需，"背靠祖国、联通世界"，扮演好"精准联系人"的角色，在双循环、"一带一路"中起到更大作用。

在融入国家发展大局过程中，除了"一国两制"的制度优势，澳门还具有多方面优势。第一，开埠时间长，是著名的国际性城市和国际自由港，是国家"引进来""走出去"的双向服务平台，澳门的三个定位之一就是"中国与葡语国家商贸合作服务平台"。澳门应充分发挥该平台的优势，优化和增强中葡平台功能，保持沟通的频率与效率，上至通过部长级会议签订各类商贸服务协议和备忘录，出台各类政策促进商贸交流；中间包括各类商会、协会、商贸团体的交流服务；下至为各类企业，包括大中型企业、优质企业和初创企业提供交流合作的机会。商贸服务平台不仅覆盖促进资本品和消费品的国际贸易，其功能也包括促进中葡企业以合资公司等形式在对方国家或地区落户，实现企业更深入的交流合作。商贸服务平台兼具金融服务平台功能，可助力发挥澳门离岸人民币清算、融资租赁等现代金融业的功能，促进资本市场的投融资合作，聚集优质金融资源，降低融资成本、提高投资效率。澳门还有较多来自东南亚国家的移民和外地雇员，能够在与东南亚国家的交流过程中发挥更大作用。

第二，作为多元文化融合交流的城市，澳门在中外文化交流，特别是在中国与葡语国家交流中发挥着重要作用，因此其定位之二在于"以中华文化为主流、多元文化共存的交流合作基地"。中国与九个葡语国家的文化差异巨大，思想的交流和文化的碰撞，有助于产生创新思维，从而促进社会经济文化发展。在文化交流过程中，艺术可以作为一个重要媒介。中国与葡语国家之间的美术、陶瓷、音乐、舞蹈、绘画等艺术交流，访问、表演以及艺术品买卖，都会有很大的发展前景。

（二）积极参与粤港澳大湾区分工合作

国家不仅为澳门的经济适度多元发展提出了指导思想，而且出台了很多重大政策措施予以支持。2003年以来签署的《内地与澳门关于建立更紧密经贸关系的安排》（简称《安排》或CEPA）及其10个补充协议和6个专项协议或修订协议[①]，通过促进区域贸易与合作，促进澳门经济适度多元发展。

粤港澳大湾区建设是国家促进港澳可持续发展的重大政策措施。随着2008年国家发布《珠江三角洲地区改革发展规划纲要（2008—2020）》，我国开始探索粤港澳"世界级城市群"建设，粤港澳三地的合作不断深化与加强，当前已具备雄厚的经济实力和全球名列前茅的区域综合竞争力，在金融、航运、交通、贸易、科技创新等领域都具有国际领先水平。2019年发布的《粤港澳大湾区发展规划纲要》显示，促进港澳长期繁荣稳定是建设粤港澳大湾区的主要目的之一。粤港澳大湾区建设是在"一个国家、两种制度、三个关税区、三种货币"的条件下进行的，是区域经济发展史上的创新性探索。

粤港澳大湾区建设通过分工合作，避免区域内部的恶性竞争，实现优势互补。澳门积极参与粤港澳大湾区建设，一是能够通过差异化经营获得更好的发展。例如，在金融领域，避免与香港和深圳两个金融中心竞争，而以针对葡语国家的人民币清算、融资租赁和财富管理等为主要内容。二是通过合作可获得更大发展空间。通过加强区域合作，可以在一定程度上克服澳门面积狭小、发展空间严重受限的短板，更多采用"前店后厂"模式，还可以以珠三角为前沿获得广阔的内地市场。三是在居民养老、医疗等领域能够获得大湾区支持，减小澳门人口密度大、生活成本高的压力。

更为重要的是，澳门可利用大湾区的产业、金融与技术聚集所产生的溢出效应。澳门总体上缺乏人才，综合技术实力欠佳。粤港澳大湾区要"瞄准世界科技和产业发展前沿，加强创新平台建设，大力发展新技术、新产业、新业态、新模式，加快形成以创新为主要动力和支撑的经济体系；进一步激

[①] 资料来源：《内地与澳门关于建立更紧密经贸关系的安排》，见https://www.cepa.gov.mo/zh-hant/iteml_2.jsp。

发各类创新主体活力，建成全球科技创新高地和新兴产业重要策源地"①。研究发现，粤港澳大湾区城市创新网络规模不断扩大，创新扩散能力增强。②

澳门要实现可持续发展，创新是必由之路。澳门的发展历史和自身所受的严重约束说明澳门必须通过创新才能实现可持续发展。近年澳门在创新发展方面取得了一定成就，积累了经验。通过与内地企业和政府部门合作，已经实现了智慧城市建设、电子支付等领域的迅速发展。高新技术领域的创新具有高成本、高风险特征，澳门通过参与大湾区建设、搭上内地创新的便车，能够节约成本、提高效率。澳门作为"广州—深圳—香港—澳门"科技创新走廊上的一个重要节点城市，在地区创新和经济带动作用上相对较弱，应积极主动与大湾区其他城市，特别是科技创新走廊上的其他节点城市合作，通过人才合作培养与交流培训、技术协同开发与应用等，充分利用科学技术提高澳门人才的创新能力、技术水平和技术应用效果。澳门需参与粤港澳大湾区创新链的协同治理，以便更好地促进创新链不同环节治理的接续转换，加快创新要素的流动，促进创新绩效的提高。③通过自身积极主动参与创新以及加强与其他城市的交流合作，澳门能够实现创新引领经济可持续发展。

（三）充分发挥横琴粤澳深度合作区优势

澳门特别行政区强调，经济适度多元发展是澳门必定要走的路，需要透过区域合作，尤其是横琴开发，为经济适度多元发展提供空间、创造条件。④横琴粤澳深度合作区（以下简称"深合区"）是"一国两制"实践的新示范，是创新发展的典型代表。正是基于澳门面临的发展瓶颈，为了给澳门产业多元发展创造条件，国家才提出建设深合区。国家赋予合作区"促进澳

---

① 资料来源：《新华社，中共中央国务院印发〈粤港澳大湾区发展规划纲要〉》，中华人民共和国中央人民政府网站，见https://www.gov.cn/zhengce/2019-02/18/content_5366593.htm#allContent。

② 资料来源：刘力、袁琳熹：《粤港澳大湾区城市创新网络复杂性及其创新链协同能力》，载《科技管理研究》2023年第43卷第9期，第11～21页。

③ 资料来源：范旭、刘伟：《基于创新链的区域创新协同治理研究——以粤港澳大湾区为例》，载《当代经济管理》2020年第42卷第8期，第54～60页。

④ 资料来源：https://www.gov.mo/zh-hans/news/290881/。

门经济适度多元发展的新平台、便利澳门居民生活就业的新空间、丰富'一国两制'实践的新示范、推动粤港澳大湾区建设的新高地"四大核心战略定位。

增加澳门管理的地理面积只是促进多元发展的一个很小的方面,重要的是,深合区通过建立独特的制度、实施特殊政策并与其他地区进行有效隔离,形成"共商、共建、共管、共享"的新模式,丰富"一国两制"实践,能够为澳门长远发展注入重要动力。《横琴粤澳深度合作区建设总体方案》中指出要发展新产业以及相应的税收和人才保障政策。通过制度创新、政策创新、生态环境创新、科技创新、金融创新,能有效助力澳门经济适度多元发展。

制度创新是深合区最重要的创新,是实现其他创新的保障。深合区的制度创新没有现成的经验可供学习,是"摸石头过河",需要目标明确、胆大心细。通过理论论证可行的方法,要尽快落地,鼓励企业大胆探索、勇于开拓,加强政府和企业的沟通,及时发现问题和总结经验教训,切实帮助企业解决其面临的主要问题;对于成功经验则积极推广,并进一步观察和不断积累,闯出一条适合粤澳深度合作区的独特路线。

(四)夯实综合旅游休闲业

澳门回归祖国以来,获得了中央政府的指导以及中央政府与内地各级政府的大力支持。2005年10月11日通过的《中共中央关于制定国民经济和社会发展第十一个五年规划的建议》正式提出"支持澳门发展旅游等服务业,促进澳门经济适度多元发展"[①],这是中央政府首次在五年规划中明确提出澳门重点发展的具体产业。此后,在"十二五"规划中进一步明确了澳门多元发展的方向,2019年2月中共中央、国务院发布的《粤港澳大湾区发展规划纲要》正式确立了澳门"一中心、一平台、一基地"的发展定位,即建设世界旅游休闲中心、中国与葡语国家商贸合作服务平台,打造以中华文化为主流、多元文化共存的交流合作基地。澳门特区政府也一直强调发展综合旅游

---

① 资料来源:《新华社,中共中央关于制定"十一五"规划的建议》,中国政府门户网站(www.gov.cn),见https://www.gov.cn/ztzl/2005-10/19/content_79342.htm,2005年10月19日。

休闲业。

澳门是个国际性城市,以博彩旅游业闻名于世,有丰富的中西文化旅游资源。2005年,"澳门历史城区"被列入《世界文化遗产》名录,当前澳门拥有"创意城市美食之都"的称号,曾被评为十大最佳旅游地区(2015)、最佳休闲旅游目的地(2015)、世界特色魅力城市200强(2017)、最佳亚洲会议城市(2023)等,2023年是全球拥有福布斯五星级酒店数量最多的城市。澳门具备建设世界旅游休闲中心的条件。

但目前澳门的非博彩旅游资源尚未得到充分挖掘,澳门需要加强宣传和指引、发展综合旅游形成规模效应以及提高产业化水平。澳门旅游景点的主要特点是其深刻的文化内涵,澳门需充分利用现代媒体,通过参与境内外的相关节目(旅游、文化、建筑、美食、历史等)以及在各类平台上建立和完善公众号,采取广告、信息提供、故事演绎等多样化的方法进行宣传。平台不仅宣传景点、会议、展览、演出、节庆、赛事等,还提供路线、注意事项、购票链接等,形成"一站式"服务。在旅游景点附近则建立特色标志,既指引旅游路线和目的地,又介绍相关文化。

澳门是中西文化的汇聚地,并妥善保存了其历史文化古迹,因而具有独特的魅力,但是澳门的每个景点规模都很小。澳门旅游部门通过多向旅客提供"套餐",可实现规模效益,提高澳门旅游业的总体吸引力。2023年11月举办的第70届澳门格兰披治大赛车与美食节、塔石艺术市场等活动在时间上有重合,大赛车博物馆还特意推出光雕表演、世界顶尖车队特展、VR虚拟实境体验项目等,充实了旅客在澳门的生活,这是实现规模效应的良好案例。赌场可为赌客及其家人提供赌场与著名景点之间的免费接送服务,出售演出、购物、保健美容、文旅产品的各种组合的优惠"套票"等,以吸引家庭游旅客。

境内外已举办不少澳门旅游文化创意产品设计类的比赛,既起到宣传作用,又实现文创旅游增值。其中的主要问题在于产业化效果较差。澳门销售文创旅游产品的商店很少,且种类有限、价格昂贵。特区政府和相关比赛的举办方需要采用按需设计、产学研结合等模式,提高设计成果产业化的效果。

博彩业的纵向多元发展是澳门经济实现多元发展的重要内容,上述可以作为博彩企业的发展方向。博彩企业通过创新开发其上游和下游产品与服务，吸引多样化客户，可提高非博彩收入在博彩企业总收入中的比重。

（五）持续促进新兴产业发展

《2023年财政年度施政报告》明确提出"1+4"经济适度多元发展策略。"1"是指做优做精做强综合旅游休闲业；"4"是指推动中医药大健康、现代金融、高新技术、会展商贸和文化体育四大重点产业板块发展，即澳门重点支持的新兴产业。发展新兴产业是澳门实现经济横向多元化的重要途径。从比较劳动生产率①看，博彩业的劳动生产率在澳门13个行业中长期居于前三位，只有部分年份落后于水电气生产供应业和金融业等行业。博彩业有较高的劳动生产率、较高的工资水平以及较大的职业发展空间，吸引着劳动力到博彩业就业。而新兴产业只有依靠创新才能有效提高劳动生产率，从而提高利润水平和工资水平，以吸引劳动力。

虽然中医药大健康产业在经济中的贡献度还比较低，但是目前澳门已经建立起相应的人才培养、产业培育的体系。首款"横琴生产、澳门监制"的澳门药品在澳门和横琴发售，并且即将引进北京协和医院。这显示出医药行业创新发展的必要性和可行性。未来澳门通过进一步建设中医药生产基地和创新高地，建立医药创新研发与转化平台，能够促进中医药产业的迅速发展。

现代金融业的发展不仅能够直接促进经济增长，而且能够为其他产业的发展输血，金融集聚已经有效促进了粤港澳大湾区的科技创新效率。②现代金融科技的发展，使得金融业弯道超车成为可能，澳门可直接引进金融科技领域的重要平台和技术，并培训相关的人才，实现弯道超车。

粤港澳大湾区是高等教育高地，高等教育集群主要通过人才培育和人才吸引实现高地人才聚集及其结构优化。③澳门应以高新技术产业需求为导向，

---

① 某产业比较劳动生产率＝某产业产值比重／该产业就业比重。
② 资料来源：郭文伟、王文启：《金融聚集能促进科技创新效率提升吗？——基于粤港澳大湾区空间杜宾模型的实证分析》，载《南方金融》2020年第4期，第3-15页。
③ 资料来源：卢晓中、宁云华：《高等教育集群何以促进人才高地建设——基于粤港澳大湾区与旧金山湾区的比较》，载《国家教育行政学院学报》2023年第10期，第53-61页。

调整高校的专业结构和课程结构，助力高新技术产业培养。当然，若要尽快实现高新技术产业发展，应尽快有针对性地引进相关领域人才和企业。

（六）提供制度、人才与资金保障

澳门要实现多元可持续发展，需要完善相关的顶层设计与制度建设。政府必须充分重视创新在经济适度多元发展和可持续发展中的作用，制定创新驱动发展战略，建立一整套促进创新的体系，包括法律制度建设、政策制定、资金支持、人才培养、环境构建等。通过相关顶层设计，为创新提供良好的制度环境、行政环境和商业环境，提供合适的资金和名誉激励，提高居民参与教育和培训的积极性，激发各类人才的积极性和创造性。

坚持创新驱动实质是人才驱动。①澳门需要培养、吸引、留住和激励人才。第一，高等院校需及时调整专业结构和科目结构，注重培养掌握现代科技的专业人才和具有创新精神的人才。第二，注重产学研结合，促进科研成果转化，降低学校知识和职业领域之间的鸿沟，使毕业生能尽快适应市场需要，同时以市场需求提高在校生的学习动力。第三，充分利用粤港澳大湾区人才培训资源优势，通过合作培养适合大湾区产业发展的人才。第四，吸引和留住适合澳门产业结构的人才。澳门当前的人才引进政策经过调整，虽然更加明确，但是人才标准是否真正有助于澳门引进能推动经济适度多元发展的人才，还有待验证。

澳门每年在科学研究以及促进创新企业发展方面的资金支持并不少。虽然新冠疫情以来澳门特区政府对科研基金支持的力度下降，但是总额依然可观。《2024年财政年度施政报告》中澳门基金会和科学技术发展基金的预算开支分别为11.51亿元和3.56亿元，经济及科技发展局的预算开支有29.15亿元。但相关科研成果评估方法和转化效果评核机制有待改善。

澳门通过完善科技创新基础设施、发挥科研机构与平台作用、促进科技成果转化，可提高创新性资源的投入产出效率。澳门的网络价格高、速度

---

① 资料来源：《新华社，中共中央、国务院印发〈国家创新驱动发展战略纲要〉》，中华人民共和国中央人民政府网站，见https://www.gov.cn/zhengce/2016-05/19/content_5074812.htm。

慢，澳门需尽快普及5G技术，通过网络升级，提高与之相关的科研、大数据、人工智能等技术的效率。通过完善智慧城市网络，将更多的技术与产业发展建立在平台之上，能够实现有效联通，互相促进。依据科技成果的实际经济效果，设立科技进步奖或科技应用奖，提高科研人员和科研团队的积极性，促进先进科学技术研究、开发、创新和应用，促进高新技术产业化。

（七）澳门2024年经济展望

新冠疫情使澳门经济遭受了严重打击，2023年前三个季度的数据显示，经济持续恢复向好。2023年10月，国际货币基金组织发布的《世界经济展望报告》显示，澳门2023年和2024年的年度经济增长率将达到74.4%和27.2%[①]，远高于其他国家和地区。一方面说明澳门最近经济恢复较为强劲，另一方面也因为2022年澳门经济增长率为全球最低的-26.8%，显示了微型经济体的经济波动幅度大的特征。

我们也应该看到，澳门面临诸多发展挑战。第一，澳门依然是一个外向型微型经济体，在全球增长乏力的情况下，澳门很难独善其身。第二，疫情减少了很多国家和地区居民的储蓄和收入，使居民消费更趋于谨慎，未来来澳门旅游的游客数量和消费不容乐观。第三，澳门博彩业占比虽然在疫情开始以来大幅下滑，但随着疫情的结束，博彩业在GDP中的比重会恢复，澳门博彩业"一业独大"的产业结构短期很难改变，新兴产业的培育和发展尚需时日。

虽然在人才和总体创新力上尚存在不足，但澳门具有"一国两制"的优势，同时又能搭上国家创新发展和大湾区建设国际创新高地的快车，拥有深合区这一制度创新前沿阵地，通过努力完善相关制度、政策，发展教育、培养与引进人才、支持高新技术产业发展等，完全可以实现经济适度多元和可持续发展。前途是光明的，道路是曲折的，需要政府不断调整政策、积累经验教训、以创新促进旅游博彩业稳健多元发展和支撑新兴产业可持续发展。

---

① 资料来源：International Monetary Fund: World Economic Outlook, Oct, 2023。见https://www.imf.org/en/Publications/WEO/Issues/2023/10/10/world-economic-outlook-october-2023. 2023-11-10。

第六章

粤港澳大湾区：融合与发展

【摘要】粤港澳大湾区是在一个国家、两种制度、三个关税区、三种货币的条件下建设的，国际上没有先例。近年来，粤港澳大湾区围绕"硬联通"、"软联通"和"心相通"来促进粤港澳三地的融合与发展，取得了一些标志性成果，如"港车北上""港澳药械通""专业人士内地执业"等，但粤港澳大湾区融合与发展仍然面临数据跨境流动、人员跨境就业、金融跨境监管等各个方面的问题，需要进一步克服粤港澳三地的制度差异，推进各类要素的便捷流动，加强规则衔接与机制对接，加强民间的交流与合作，发挥各自的优势，共同推动粤港澳大湾区建设国际一流湾区与世界级城市群。

一、粤港澳大湾区"硬联通"、"软联通"与"心联通"建设成效

粤港澳大湾区的融合与发展，就是要助力港澳融入国家发展大局，维护港澳长期的繁荣稳定，创新性地打造一个前所未有、堪称典范的区域融合、人文融合、制度融合的全新的世界级湾区。

港澳与内地之间融合主要经历了三个阶段。第一阶段：1978年中国内

地改革开放至1997年亚洲金融危机。香港制造业逐渐向珠三角转移。在高峰时期，珠江三角洲地区的外资中，香港资本占了80%，其中90%是投向珠三角地区的制造业，1978年香港制造业占GDP的20%，下降到不足1%，香港制造业转移内地后形成"前店后厂"融合模式。第二阶段：香港回归到2019年粤港澳大湾区规划纲要发布。这一时期香港经济起起伏伏，既遭受亚洲金融危机影响，也有2003年《内地与香港关于建立更紧密经贸关系的安排》（CEPA）和"自由行"的实施，进一步促进中国内地与香港的融合与发展。第三阶段：粤港澳大湾区规划纲要发布至今。2019年党中央和国务院发布《粤港澳大湾区发展规划纲要》，提出建设粤港澳大湾区，是全面深化改革开放的重大举措，是丰富"一国两制"实践的全新探索。为支持香港、澳门更好融入国家发展大局，国家层面相继发布了珠海横琴、深圳前海和广州南沙三大平台建设方案，以及《河套深港科技创新合作区深圳园区发展规划》，粤港澳大湾区融合与发展迈入了新的历史阶段。

与国际一流湾区和世界级城市群比较来看，2022年粤港澳大湾区经济总量站上13万亿元台阶，达到1.85万亿美元，2023年有望超越东京湾区成为经济总量第一湾区。但人均指标上与国际一流湾区差距较大，纽约湾区、旧金山湾区人均GDP接近10万美元，粤港澳大湾区刚过2万美元，还有非常大的追赶空间（表6-1）。从世界总部企业来看，2021年世界500强企业中，40家总部位于东京湾区，24家位于纽约湾区，10家位于旧金山湾区，粤港澳大湾区有24家。

表6-1　2022年粤港澳大湾区与其他湾区经济数据对比

湾区	中心城市	面积（万平方千米）	人口（万）	GDP总量（万亿美元）	人均GDP（万美元）
粤港澳大湾区	香港、澳门、广州、深圳	5.6	8600	1.85	21511
东京湾区	东京	3.7	4300	1.8	41407
纽约湾区	纽约	2.1	2340	1.7	80000
旧金山湾区	旧金山	1.8	700	0.8	105263

（一）"硬联通"打通粤港澳大湾区要素自由流动障碍

着力解决高端要素自由流动的体制机制障碍，促进要素资源在更大范围内便捷流动、优化配置，更好发挥规模效应。以市场配置资源为主导，加强基础设施"硬联通"，推进"湾区通"工程，提升市场一体化水平。

一是粤港澳大湾区建成了具有全球竞争力的港口群和机场群（表6-2）。机场群旅客吞吐能力超过2亿人次，港口集装箱吞吐量超过8000万标箱。其中，香港在粤港澳大湾区出口贸易中仍然发挥着转口枢纽的重要作用。根据《新华·波罗的海国际航运中心发展指数报告（2022）》评价，香港的国际航运中心综合评价结果为79.15分，居全球第四位。粤港澳大湾区九市对香港出口贸易仍以加工贸易为主，自香港进口则以一般贸易为主。劳氏日报（Lloyds List）公布2022年全球100大集装箱港口排名，深圳港（第四）、广州港（第六）、香港港（第九）。建成了具有全球竞争力的航空枢纽群，作为全球最繁忙的机场之一的香港国际机场，其货物吞吐量（包括航空邮件）超过500万吨，居世界首位。英国评测机构Skytrax发布了"2022年全球最佳机场百强榜"，广州白云机场、香港国际机场、深圳宝安机场客运量在全球机场中分别排在第18位、第20位和第57位。

表6-2　粤港澳大湾区机场群布局现状

机场名称	飞行区等级	机场类型	跑道数量	跑道（米）	机位（个）
香港国际机场	4F	民用运输	3	3800 3800 3800	182
澳门国际机场	4E	民用运输	1	3360	25
广州白云国际机场	4F	民用运输	3	3600 3800 3800	269
深圳宝安机场	4F	民用运输	2	3400 3800	199
珠海金湾机场	4E	民用运输	1	4000	26
惠州平潭机场	4C	军民合用	1	2400	8
佛山沙堤机场	4C	军民合用	1	2800	10

资料来源：根据公开资料整理。

二是"轨道上的大湾区"基本形成"一小时生活圈"。粤港澳大湾区是全国高速公路网密度最高的地区之一。截至2021年底，粤港澳大湾区高速公路通车里程达4972千米，路网密度达到9.1千米/百平方千米，核心区的路网密度已经超过纽约、东京、伦敦三大湾区。内地与港澳之间的联系越发紧密，在疫情之前的2019年，深圳通过深港陆路口岸的跨境货车总量约为18000辆/天，主要从深圳湾、黄冈、文锦渡三个口岸通关，莲塘—香园围口岸的开通不仅为实现两地跨境货运"东进东出、西进西出"通关格局打下重要基础，更进一步完善了粤港澳大湾区"一小时生活圈"布局（表6-3）。

表6-3　粤港澳大湾区陆路口岸

口岸类型	陆路口岸	铁路口岸
深港口岸	沙头角、文锦渡、罗湖、皇岗—落马洲、福田—落马洲支线、深圳湾、莲塘—香园围	东莞（常平）、广州东、佛山、肇庆
铁路口岸	—	红磡火车站
珠澳口岸	拱北口岸—关闸口岸、横琴口岸—莲花口岸、青茂口岸、珠澳跨境工业区口岸、港珠澳大桥珠海公路口岸	—
珠港口岸	港珠澳大桥	—

资料来源：根据公开资料整理。

港珠澳大桥成为内地与港澳的重要联系纽带，节约了港澳两地与内陆之间的时间距离成本，更有利于越来越多的人进行商贸、旅游等活动。截至2022年4月，粤港澳大湾区铁路运营里程近2500千米，其中高铁里程1430千米，在建里程975千米；大湾区珠三角九市已有城际铁路运营里程476千米，12个城际铁路项目正在加快建设，在建里程362千米；珠三角九市轨道交通运营里程达1092千米，在建里程662千米[1]。

三是通过广东自由贸易试验区改革创新，以"小切口"带动"大突破"提升粤港澳大湾区通关便利化水平。粤港澳大湾区规划中提出"加快基础设

---

[1] 资料来源：程远州：《粤港澳合作互联互通正加速》，载《人民日报》2022年4月20日，第10版。

施互联互通"，实现通关领域的规则对接，"提升粤港澳口岸通关能力和通关便利化水平，促进人员、物资高效便捷流动"。风险分类处置、快速通关，通过先放行入区、后理货确认压缩了一线通关时间。建设智能化的卡口系统，实现24小时智能验放，出口整体通关时间为0.92小时，较2017年压缩了91.81%。此外，新横琴口岸正式投入使用，旅检通道实施了"合作查验、一次放行"的通关新模式。"港车北上"和"澳车北上"等是推动要素便利化的措施。广东自贸试验区成立八年以来，已累计设立2.4万家港澳资企业，实际使用港澳资473.77亿元①。通过放宽外商投资准入限制，学习港澳经验，营造法治化营商环境，建立与国际标准相适应的制度规则；建立健全的法律制度、知识产权保护体系和争议解决机制，提供可预期和稳定的投资环境，吸引国际投资，打造对外开放门户枢纽。

（二）"软联通"利用粤港澳合作重大平台开展规则衔接与机制对接

涉港澳事务为中央事权，大湾区规则衔接机制是中央授权下的地方执行，包括特别授权和一般授权。中央先后发布文件支持深圳建设中国特色社会主义先行示范区、横琴粤澳深度合作区，深化前海深港现代服务业合作区改革开放、深化广州南沙面向世界的粤港澳全面合作，河套深港科技创新合作区深圳园区发展规划。一般性规则衔接在中央部委制定政策后，自上而下落实，主要包括港澳居民内地待遇、港澳青年发展等。2022年，粤港澳合作三个重大平台进出口总值逾5350亿元，同比增长27.8%，其中南沙区外贸进出口总值2988.2亿元，同比增长15.1%，前海综保区进出口总额2352亿元，增长48.8%，单位面积产值全国第一②。在使用外资方面，前海2022年实际使用外资58.64亿美元，占深圳全市53.5%、广东全省21%。

一是在边界区域共建机构，探索共建共管的规则衔接新模式。通过协议设立统一机构，由该机构依据统一的区域性规则进行管理，从而实现规则

---

① 资料来源：《聚焦大湾区|广东自贸试验区累计设立2.4万家港澳资企业》，见https://baijiahao.baidu.com/s?id=1768122285776902419&wfr=spider&for=pc，2023年6月8日。
② 资料来源：《粤港澳大湾区经济总量突破13万亿元人民币》，见https://baijiahao.baidu.com/s?id=1761030157245947471&wfr=spider&for=pc，2023年3月22日。

衔接。例如，港珠澳大桥、深港河套开发区和横琴粤澳深度合作区都采用了共建共管的合作治理模式，在属地管理基础上共同搭建管理机构。特别授权下，前海、横琴、南沙等地先行先试，实现较大突破。横琴粤澳深度合作区实现了粤澳共商共建共管共享的体制创新。深圳取得医疗服务规则衔接成果。南沙全面推行采用简化版香港公证文书，优化升级商事登记"跨境通"服务平台。广东自贸试验区成立八年以来，已累计设立2.4万家港澳资企业，实际使用港澳资473.77亿元[①]。

二是规则衔接方面，打通港澳人员内地就业职业的堵点。行政审批等商事登记制度改革对接港澳营商环境，港澳企业商事登记实现"一网通办"。出台港澳青年发展、创新创业和人才保障政策，给予补贴、税收、住房等多重优惠，并实现港澳建筑业、旅游业、中小学教育、城市规划、法律等行业的专业人员在内地九市执业，公职系统对港澳人士开放。港澳企业在法律、会计、建筑等领域在内地九市投资营商可享受国民待遇。南沙实施两批72项与港澳规则衔接事项清单，出台57项境外职业资格便利执业认可清单，全国首位大湾区律师在穗正式执业。

三是诉讼、仲裁、调解等规则衔接进展顺利，多元化纠纷解决机制逐步完善。前海法制创新首创"港籍调解"与"港籍陪审"制度，首次适用香港法律调解案件，率先开展粤港澳联营律所改革试点等。诉讼程序方面，内地与港澳签署了送达、取证、民商事案件协议管辖及判决认可与执行等领域司法协助协议，最高人民法院与港澳特区政府签署进一步交流合作会谈纪要，并出台支持大湾区和横琴、前海建设的政策文件。仲裁规则方面，内地与港澳签署了仲裁保全和裁决相互认可与执行的全方位司法协助协议，三地仲裁机构合作搭建大湾区仲裁联盟、仲裁调解联盟以及珠海跨境仲裁合作平台，南沙国际仲裁中心引入香港仲裁模式。调解方面，粤港澳合作建立调解平台，并组成调解工作委员会，联合制定了统一的调解员资格资历评审标准。

四是共建粤港澳合作发展平台，推出金融领域的规则对接。前海推动跨境金融创新，涵盖了跨境人民币贷款、跨境双向人民币债券、跨境双向人民

[①] 资料来源：《聚焦大湾区|广东自贸试验区累计设立2.4万家港澳资企业》，见https://baijiahao.baidu.com/s?id=1768122285776902419&wfr=spider&for=pc，2023年6月8日。

币资金池、跨境双向股权投资试点、跨境金融资产转让和跨境金融基础设施"六个跨境"的金融创新实践。前海跨境人民币贷款已经备案超过1000亿元人民币,并从香港银行实际提款近400亿元人民币。创新是为扩大金融市场对外开放、吸引港澳金融机构入驻,首家港资控股证券和基金管理公司如汇丰前海证券、恒生前海基金已在试验区设立。此外,澳门国际银行、大西洋银行等澳资银行也首次进驻内地。前海在中国人民银行及跨境清算公司的支持下,首次通过人民币跨境支付系统(CIPS)实现大宗商品贸易货款的跨境支付和结算。

(三)"心联通"粤港澳大湾区成为港澳人士创新创业和生活的新空间

港澳融入国家发展大局既是多维度的,不仅包括经济融合、政治融合、社会融合、制度融合,也包括文化融合以及心理融合;也是多层面的,包括全国范围内的社会融合和城市范围的社会融合[①]。需落实中央惠港惠澳政策,实施"湾区通"工程,大力推进港澳青年创新创业基地建设,推动在粤工作生活的港澳居民民生方面享有本地市民待遇,积极推进粤港澳合作办学、合作办医,强化生态环保合作,打造宜居宜业宜游的优质生活圈。

一是如何全面有机衔接粤港澳大湾区居民社会福利制度,使得港澳居民真正融入湾区生活。港澳居民及随迁子女同等享受学前教育、义务教育、高中阶段教育等政策落地实施。围绕推动粤港澳三地加强社会保障衔接,广东梳理提高港澳居民社会保障措施的跨境可携性相关政策的痛点、堵点,提出配合香港特别行政区政府建立医疗机构"白名单"制度,扩大香港"长者医疗券"使用范围,推动将"白名单"内的医疗机构纳入香港医疗费用异地结算单位,并逐步将支付范围从门诊扩大到住院。"港澳药械通"试点实施,大湾区内地符合条件的医疗机构可按规定使用已在港澳上市的药品和医疗器械;在社会保障方面,"湾区社保通"政策落地,截至2021年底,港澳居民

---

① 资料来源:嘎日达、黄匡时:《西方社会融合概念探析及其启发》,载《国外社会科学》2009年第2期,第23页。

在粤参加养老、失业、工伤保险累计达27.92万人次①。

二是出台多项政策，促进港澳青年到粤港澳大湾区创新创业。香港在2021年推出"大湾区青年就业计划"，鼓励支持在香港和大湾区均有业务的企业聘请并派驻香港毕业生到大湾区内地城市工作，共2000个名额，其中约700个专为创科职位而设。南沙成立南沙"五乐"青年服务中心，落户广东省粤港澳青少年交流促进会，落地建设全国第一所非营利性的港人子弟学校，扎实推进国际化社区、港式社区设计规划；加大对港澳青年创新创业的金融支持力度，落地百亿级的广州光控穗港澳青年创业股权投资基金。在广东纳入就业登记管理的港澳居民超过8.51万人。累计超过1000人次的港澳居民报考大湾区（内地）事业单位公开招聘，首批考取的港澳居民已聘用到岗。此外，全省建成"1+12+N"港澳青年创新创业孵化基地体系，累计孵化港澳项目超过2300个、吸纳港澳青年就业达3400多人②。

三是构建涉港澳民间交流机制。广州南沙开发区管委会在2021年4月成立广州南沙粤港合作咨询委员会（以下简称"咨委会"）。咨委会由全国政协副主席梁振英担任顾问，由23名来自香港和13名来自内地的政商学界精英、行业翘楚担任委员，下设商贸合作、资讯科技和数据联通、金融合作等14个专项工作组，打造粤港全面合作、深化合作的"思想库""参谋部""超级联系人"。深圳前海成立前海深港现代服务业合作区咨询委员会，委员会由17位内地及香港知名专家学者和业界人士组成，全国人大常委会副委员长华建敏任咨询委员会主任委员。珠海横琴成立横琴新区发展咨询委员会，作为横琴新区发展的咨询机构，与发展决策委员会、管理委员会并称"三会"管理体制。

四是加强文化体育领域的交流与合作。在《粤港澳大湾区建设框架协议》中，提出了"建设以中华文化为主流、多元文化共存的交流合作基地"的合作目标。粤港澳三地地缘相近、人缘相亲、民俗相近。同根同源的文化

---

① 资料来源：程远州：《粤港澳合作互联互通正加速》，载《人民日报》2022年4月20日，第10版。

② 资料来源：程远州：《粤港澳合作互联互通正加速》，载《人民日报》2022年4月20日，第10版。

血脉是大湾区的桥梁和纽带,也为建设"人文湾区"打下基础。以粤剧、龙舟、武术、醒狮等为代表的岭南文化,彰显了粤港澳大湾区独特的文化魅力。即将共同承办2025年全运会的粤港澳三地,体育氛围越来越浓厚。前海合作区扩区,为深港文化交流合作提供更多发展空间。目前,前海已有14家文化创意企业入驻,其中港资企业3家,已形成良好的文化产业合作发展氛围[①]。

二、粤港澳大湾区融合与发展存在的关键问题

(一)需要进一步提高要素自由流动效率

内地和港澳实行不同的政治和经济制度,湾区内横跨"一国两制三关税区",三地合作面临不少现实壁垒。内地与港澳之间的互联互通基础设施愈发完善,但港澳的经济辐射效应却并未完全释放,与港澳联系较紧密的依旧集中于大湾区东部,一些重要的陆路口岸也主要分布在东部,而西部受到港澳的经济溢出效应不明显。

一是各部门之间尚未实现信息、资源的充分共享。要实现真正的要素协同,需要海关、检验检疫、海事、工商、质监、税务、公安等部门有机合作,形成多部门联合治理的长效机制。但现阶段这一机制尚未形成,内地海关与各部门间的协同性不足,跨部门合作面临诸多实际问题,决策和管理趋于碎片化,阻碍了一揽子改革创新措施的出台与实施。由于缺乏统一的协调监管机构,海事、边检等部门与海关的协调配合度仍需提升,在一定程度上导致大湾区通关效率提升受阻、区内要素自由流动受限。

二是与港澳共建多式联运、海空陆联运体系还未建立。大湾区内集中了大珠三角地区主要的机场群和港口群,铁路和高速公路干网密集,海陆空立体交通优势显著。但目前大湾区不同运输形式分管部门不同,海关作业仅为通关过程中众多环节的其中一环,区内交通系统缺乏有效的协调统筹,导致总体发展规划缺位、盲目竞争、港口布局不够合理、线路不平衡不科学等问题,在推动相关方共同提升通关便利化方面作用有限。地方海关无权自行开

---

① 资料来源:《粤港澳代表委员热议文化体育交流合作:深化三地合作共建人文湾区》,南方网,https://culture.southcn.com/node_b02a77b893/524d353700.shtml。

展与港澳的"单一窗口"对接或相关数据交换。由于体制机制差异的客观存在，"国际单一窗口"是目前三地海关合作的主要平台，但该项目是国家事权，需要在中央层面统筹谋划和部署推动。

三是合作范围较窄、合作层次较低。粤港、粤澳海关和边检部门技术标准不同且缺乏信息互通，导致口岸重复查验问题突出，目前地方海关与港澳的合作多采用"总对总"的方式，需要总署介入从中协调，无法与港澳实现"点对点"的横向对接和数据交换，三地海关合作的效率不高。缺乏长效机制作为支撑的湾区海关合作模式，不仅使得湾区海关合作事务之间缺乏严密的联系性与逻辑性，也不利于大湾区海关的对外整体形象和品牌输出。目前内地海关与港澳并未开展常规且有效的数据交换、信息共享合作，合作涉及双方强制措施、证据取得司法程序等诸多内容，数据交换基础合作存在较大阻碍。以信息交换为例，香港海关由于受到《个人资料（隐私）条例》等特区相关法律的限制，不可能将企业提供的申报信息全部交换给广东海关，只能以个案形式提供广东海关提出疑问的通关信息。

粤港澳大湾区关检制度差异见表6-4。

表6-4 粤港澳大湾区关检制度差异

内容	内地（粤）	港澳
关税	征税依然是中国内地海关的重要职能	原则上不对进出口贸易征收关税
服务	原则上对货物、技术贸易允许自由进出口，但实行一定程度的管制	保障货物、技术、资本等生产要素的自由流动，实行自由贸易政策
资本	对资本性外汇收支予以严格管制，但对经常性外汇收支和转移，即对与贸易相关的外汇收支不予限制，海关、中国人民银行、外汇管理局三者之间形成一个闭合的外汇管理链条	保障资金自由流动，不实行外汇管制，港币或者澳门币可以在市场自由兑换
人员	对旅客携带物品严格限制	管制较为宽松

资料来源：根据公开资料整理。

（二）规则衔接与机制对接关键是要解决服务业开放难题

在大湾区概念提出之前，内地与港澳三地就通过签订CEPA协议方式开展合作，部分政策在粤港澳三地先行先试，在一定程度上推动了三地市场开放的政策和相关法律制度的对接，构成了粤港澳大湾区规则对接的制度基础。由于实行不同的制度，包括行业管理规定差别迥异，粤港澳三地服务业的规制衔接与机制对接存在问题。

一是服务业"准入不准营""玻璃门、弹簧门"等问题较为突出。内地对香港、澳门服务业实行较大幅度的市场准入优惠，开放范围很广，包括管理咨询、银行、证券、保险、旅游、建筑、会计、税收、房地产、印刷等领域。由于CEPA协议本身并不具有直接效力，其中的"准入优惠"作用较大，但尚未通过内地立法得以落地。另外，CEPA对内港、内澳之间的金融、旅游和专业人员资格互认三方面的合作有较为具体的规定。港澳人才在粤创新创业受职称评审要求限制，港澳籍人士在金融、审计、教育、法律等科技服务领域的执业资质仍未完全实现互认，港澳人才在粤创新创业受限。

二是服务业整体层次和发展水平偏低。高品质生活性服务业和技术密集型生产性服务的占比较低，服务业增加值比重低于世界平均水平。这导致制造业的供给能力不足以满足消费者对高品质、个性化、高复杂性和高附加值产品的需求。例如，外资医院的进入仍然面临着各种阻力，包括行业监管、服务标准等方面的限制。许多制造业企业主要以代工为主，其在全球价值链中的"垂直分工"地位和产品附加值都较低，缺乏自主品牌和知名品牌，在国际市场的竞争力较弱。对于新兴产业的发展而言，珠三角地区的科技基础设施与北京、上海等地相比存在较大差距。高端人才成为制约发展的关键因素，虽然香港拥有优秀的高校人才培养体系，但毕业生普遍选择在全球范围内寻找工作，留在湾区的人才相对较少。

三是金融开放方面缺少新举措。广东自贸试验区的金融开放更多是以往政策的延续和一些便利化的举措，难以满足粤港澳金融创新合作的要求，包括粤港澳大湾区国际商业银行设立也进展缓慢。当前港澳银行、保险机构的准入门槛仍然较高，进入内地的港澳保险中介机构数量有限，港澳资全牌照证券公司存在数量限制，港澳金融机构熊猫债发行门槛较高。香港优质金融产品进入内地金融市场的渠道有限、审批时间过长、产品不够多元化，大湾区理财通尚未落地。在证券跨境监管及执法方面，有关立法规定尚未完善，现有合作范围、路径较为狭窄，内地与香港交易所之间的合作不够充分深入。粤港澳对金融机构反洗钱报告制度存在差异,增加了跨境经营金融机构的报告负担,亦妨碍了三地主管机关间的信息共享。香港正面临金融人才流失的风险,如果不能采取有效措施,香港国际金融中心有被削弱的风险。

四是科技创新领域存在体制机制差异。科研人员跨境交流手续复杂,科研经费管理存在差异,科研资金跨境支付需缴税,双向流动不畅。目前生物样本、药品、医疗耗材、旧仪器设备等科研物资尚未实现跨境高效流动,物资跨境存在资质限制、标准不一致、过关审批流程繁杂、耗时长等问题。粤港澳知识产权保护机制差异较大,相较于港澳,内地对知识产权保护存在执法力度不够、执法手段欠缺、专业机构建设滞后等问题。跨境数据共享受阻,科技信息交流存在障碍。

(三)着力消除制约基层交流与民间社会交往的主要因素

一是基层交流交往仍然存在制度制约。香港居民在内地生活仍有诸多不便。"回乡证"、"居住证"和港澳(永久性)居民身份证,港人在内地办理各类事务使用哪个证件没有统一的标准或规定,各地执行不统一。调研发现在办理各类银行卡(公务卡、信用卡)、跨境电商"海外购"等方面有限制,很多不能刷港澳台居民居住证自动通关。在具体执行过程中还有很多制度机制需要完善。虽然各地都出台了促进港澳青年就业创新的政策,但并不了解香港居民的真正需求,内地出台的政策缺乏吸引力,调研发现大部分土生土长的香港市民并不知道相关政策,这些居民对于报考内地公职兴趣较大,但对内地招考制度、考试内容不熟悉,希望国家能够出台港澳专项招聘政策。

二是三地之间规则、思维、程序的巨大差异。内地更重实体,港澳则更重程序,重要问题都需要经过立法会,同时还会有被司法挑战的风险。内地往往不愿意在与港澳合作的过程中触及法律协调的问题,以避免出现吃力不讨好的结果。调研发现类似于《社会治安处罚条例》等行政法规,也面临执行的配套制度机制问题。以横琴为例,实践中出现澳门居民在横琴酒驾被判罚后,由于不在横琴居住和工作,导致社区矫正的处罚无法执行。由此也导致粤港澳大湾区规则衔接的许多事项被长时间搁置或没有长效的解决方案。基层官员之间交流交往较少。香港在金融、贸易等领域,无论是官员经验,还是与世界接轨程度,水平较高,但与内地基层之间交流互动相对较少。

三是民间社会交流和文化交流互动相对较少。因为港澳内部多元，部分群体在社会、经济和政治等领域被边缘化，长期如此形成了社会隔阂，主观认为"新港人"会抢走他们的工作机会，分享他们的福利待遇，因此存在社会排斥。在与内地融合过程中，多种经济制度交融必然会形成社会排斥现象，这是一个动态的过程，与内地接受良好教育的青年相比，港澳青年竞争优势不足。民间文化交流变少，对岭南文化认同减弱。港人大部分原籍为珠江三角洲，保留和传承了固有的广府文化、岭南文化，同时也成了中西文化交流的重要纽带，尤其是香港的制度和观念深受英国的政治制度和法律制度、价值观念和生活方式、经济意识和市场观念等的影响，民间的交流更能促进中西文化的互相理解。近年来，岭南文化在香港的文化精神中有衰退与变异之嫌。

三、促进粤港澳大湾区融合与发展的政策建议

（一）聚焦要素流动高效便利，打造粤港澳单一自贸区

从全球和国内贸易实践看，关检的互联互通是经贸融合的重要手段。大湾区涉及三个关税地区、三种不同的海关治理制度，提高大湾区内边关合作水平、创新海关体制机制成为推动大湾区内货物、资金、人员、技术、信息等要素的自由流动的关键。粤港澳单一自贸区是在建设基础设施"硬联通"和规则机制"软联通"的基础之上，实现投资、贸易、金融、人员、数据、技术要素跨境流动"六大自由便利"的。

一是依托现有的广东自贸试验区，并增加部分功能区域，试点建设单一自贸区。单一自贸区内成员地区之间实现商品和服务的零关税或低关税贸易，减少非关税壁垒，促进贸易自由化。还可考虑将广州琶洲人工智能与数字经济试验区、生物岛，东莞松山湖，以及佛山三龙湾等建成新兴产业集聚区。如南沙可参考上海临港片区功能扩区，重新划片，支持南沙片区发展先进制造业、物流等产业，实施更为开放的政策措施，吸引全球跨国企业入驻。

二是降低贸易成本和提升贸易便利化。减少审批程序和办事环节，实现货物的"快进快出"。通关效率也直接影响着港口对货源的吸引力，内地港

口应进一步学习香港港口的管理经验,加强与港澳的港口信息联通,优化和提升通关效率。通过港口信息平台的建设和应用,实现口岸、政府监管与港口、船公司、物流企业、代理企业"一站式"信息集成。

三是加快粤港澳大湾区港口基础设施建设,提升粤港澳大湾区多式联运水平。 织密航道网络,不断优化航线布局,着力提升港口基础设施能力和安全韧性。推进粤港澳大湾区港口物流整体交通规划,打造综合服务枢纽。加强与周边港口合作,打造高效智慧物流网络。加快建立多式联运物流信息平台,促进货源供应和货物需求与公路、铁路、水运、空运等运力资源实现有效匹配,降低车船机等载运工具空驶率、等待率。依托粤港澳大湾区物流枢纽网络开发和发展"一站式"多式联运服务产品,加速实现集装箱多式联运"一单制"。

四是推动数据要素跨境流动。 服务业开放必然会带来大量跨境数据传输的需求,关键在于建立跨境数据流动的安全和隐私保护机制,确保数据在跨境传输和交换中的合法合规和安全性,推动数据标准的统一和互认,降低数据交换的壁垒。设立技术创新中心,为企业提供技术转移和创新支持,促进技术自由交流和合作。数据跨境流动涵盖了各种类型的数据,包括但不限于文字、图像、音频、视频、软件代码等,还可以是个人数据(如个人信息)、企业数据(如商业数据和财务数据)、学术研究数据、云计算数据等。

(二)消除制度壁垒,解决服务业"准入不准营"难题

进一步加大对现代服务业(尤其是研发、管理咨询、制造业相关服务、空运、金融、法律、建筑、海运等生产性服务业)的开放力度。抢抓全球尚未形成数字贸易国际规则标准体系的时机,在数据的跨境流动、隐私保护、数字权限等方面给出具有全球普惠性与国家适切性的治理方案。

一是服务业自由准入。 CEPA协议约定的门槛和标准过高,对于CEPA协议中的门槛和标准,应审时度势进行调整,确保港澳企业在内地展业更加便利。同时,推动CEPA的更新和优化,加强对港澳服务业合作的支持。对于香港的专业服务,应逐步实现"自由准入+备案准营"的模式,简化注册流程,降低准营门槛,吸引更多香港专业服务机构和人才进入自贸试验区。在商事

登记、行政审批、司法执行、知识产权保护等领域，可全方位对标香港营商便利化水平。而在无法最终消除体制机制差异的领域，可在小区域"先行先试"相关措施。

二是推动港澳专业人才的自由流动和交流。建立人才认证和资质互认机制，降低专业人才在不同地区的从业门槛。进一步放开粤港澳大湾区赴港澳的签证限制，建议推行网上签注和"粤港澳E证通"，即一部手机承载多张证件，包括身份证、回乡证、电子港澳通行证等，只需要刷手机就可以无缝通行。香港可以放开部分行业内地居民在香港短期就业签证。

三是推动金融实施"单一通行证"制度。这个源自欧盟金融市场一体化的制度设计，可扩大到所有港澳服务业，即在港澳取得准入准营资质的港澳服务企业，自动获得在大湾区内的自贸区内经营资质和经营权利。加强内地与港澳金融市场的互联互通，推动金融机构互相设立分支机构，加强跨境金融服务与产品创新，促进资金的自由流动和提高投融资的便利性。建立港澳与内地职业资格认证互通机制，降低跨境金融人才流动的壁垒，提高人才交流和合作水平。

四是真正打通粤港澳三地科研人才、经费、设备等创新要素跨境流动的路径。构建起科学发现、产业发展、人才支撑、生态优化全产业链创新发展新体系，科技管理体制机制改革需要有进一步突破，科技创新对产业高质量发展的支撑作用有待提升。可探索建立符合国际通行规则的跨境技术转移先行示范区协作网络体系机制，推动粤港澳大湾区科研设施与仪器开放共享，加强三地现有的金融科技孵化器、加速器、产业园等科技创业服务载体的合作与对接。

（三）"软性治理"推动粤港澳民间交流与合作

多层治理模式推动了欧盟一体化过程中的治理工具及机制创新，"反社会排斥""开放式协调"等政策便在欧盟成功地运用。粤港澳大湾区可借鉴欧盟的反社会排斥理论体系解决当前社会融合问题，在相关政策领域采取"开放式协调"，来实现趋同的"软"性治理方法，通过三地之间的相互融合，改进和调整各自相关领域的政策。

一是推广咨委会"开放式协调"治理机制。由两地专业人士推进各领域的改进工作,类似于欧盟《里斯本战略》中引入"开放式协调"治理机制,取得了很好的成效。社会组织两地规则不一致,能起到交流沟通的桥梁作用,更好地推动项目落地实施。社会组织同时也能很好地起到两地沟通的桥梁作用,能够举办各类推介会和合作论坛,并向香港及时传达内地最新惠港利港政策。可以发挥这类平台机构的作用,在诸如示范法、区域规划、协同立法等相关领域进一步加强研究与对接,使这类平台机构真正起到智库的作用。咨委会可广泛调研收集三地民意,发布三地合作年度评估报告,定期检查规则实施的效果并提出修改建议,向国家提出立法建议等。

二是解决粤港澳大湾区基层交流交往存在的障碍。针对青年就业、养老问题,联合出台专项计划。增加港澳招生名额,解决香港高等教育入学率低的问题。众多社会排斥现象的根源是教育排斥,内地可与香港特区政府联合制订计划,鼓励港澳居民到内地接受教育与培训,可同样享受绿色通道政策,并发放助学贷款。共同搭建"港澳青年内地就业服务平台",强化内地与港澳之间的政策协同,从而解决社会融合的问题。在前海、南沙等重点合作平台,实行基层公务员互派制度。前海和南沙是港澳深度合作的重点地区,可通过互派官员增进彼此了解,沟通在政策实现过程中所存在的问题。

三是促进与港澳在教育、文化领域的交流合作。鼓励港澳居民到内地生活,探索"回乡证"、"居住证"和港澳(永久性)居民身份证等都可用于通关的新举措。通过发放大湾区消费券、旅游券等方式,鼓励港澳居民到内地活动。加强文化交流,特别是加强岭南文化、广府文化的交流活动,与港澳共同推进"粤菜师傅""广东技工""南粤家政"三项工程,共同举办电视节目、拍摄电影等,共同开展多项文化交流活动。

参考文献

陈伟光. 大变局下全球经济治理体系重构与中国角色[J].《当代世界》, 2023（7）.

程名望, 贾晓佳, 仇焕广. 中国经济增长（1978—2015）：灵感还是汗水？[J]. 经济研究, 2019, 54（7）: 30-46.

范旭, 刘伟. 基于创新链的区域创新协同治理研究——以粤港澳大湾区为例[J]. 当代经济管理, 2020, 42（8）: 54-60.

嘎日达, 黄匡时. 西方社会融合概念探析及其启发[J]. 国外社会科学, 2009（2）: 20-25.

郭文伟, 王文启. 金融聚集能促进科技创新效率提升吗？——基于粤港澳大湾区空间杜宾模型的实证分析[J]. 南方金融, 2020（4）: 3-15.

国际劳工组织. 关于劳动世界的监测报告（第十一版）[R]. 2023.

金旭. 中国外经贸改革与发展[M]. 北京：中国商务出版社, 2023.

联合国. 实现可持续发展目标进展情况：秘书长的报告[R]. 2022.

刘力, 袁琳熹. 粤港澳大湾区城市创新网络复杂性及其创新链协同能力[J]. 科技管理研究, 2023, 43（9）: 11-21.

娄世艳. 澳门的劳动力供给与需求研究——兼论外来劳动力与本地劳动力之关系[J]. 澳门研究, 2017（1）: 37-53.

卢晓中, 宁云华. 高等教育集群何以促进人才高地建设——基于粤港澳大湾区与旧金山湾区的比较[J]. 国家教育行政学院学报, 2023（10）: 53-61.

香港地方志中心. 香港参与国家改革开放志（上册）[M]. 香港：中華書局（香港）有限公司, 2021.

香港工业总会. 香港制造：香港工业启新章[EB/OL]. https://www.industryhk.org/tc/info/research-reports/made-by-hong-kong-full-report/ 2023-11-13.

香港生物医药创新协会. 香港生命健康产业发展研究[EB/OL]. https://

campaigns.hkpc.org/hubfs/CDD/media%20team/PR_HongKongLifeandHealthIndustryDevelopmentStudy.pdf，2023-11-13.

香港特别行政区政府统计处. 2022年有香港境外母公司的驻港公司按年统计调查报告[EB/OL]. https：//www.censtatd.gov.hk/en/data/stat_report/product/B1110004/att/B11100042022AN22B0100.pdf，2022-11-24.

香港特别行政区政府统计处. 香港统计月刊[EB/OL]. https：//www.censtatd.gov.hk/en/data/stat_report/product/B1010002/att/B10100022023MM10B0100.pdf，2023-11-13.

香港特别行政区政府香港经济近况. 2023年半年经济报告[EB/OL]. https：//www.hkeconomy.gov.hk/tc/pdf/er_c_23q2.pdf，2023-11-13.

香港特别行政区政府香港经济近况. 2023年第三季经济报告[EB/OL]. https：//www.hkeconomy.gov.hk/tc/pdf/er_c_23q3.pdf，2023-11-13.

渣打银行香港. 渣打香港中小企领先营商指数[EB/OL]. https：//av.sc.com/hk/zh/content/docs/hk-scb-sme-index-report-2023q3-zh.pdf，2023-11-13.

中国国际发展知识中心，2023年：《全球发展报告2023：处在历史十字路口的全球发展》。

中华人民共和国香港特别行政区行政长官2022年施政报告. 中华人民共和国香港特别行政区行政长官2023年施政报告[EB/OL]. https：//www.policyaddress.gov.hk/2022/sc/policy.html，2023-11-13.

中华人民共和国香港特别行政区行政长官2023年施政报告. 中华人民共和国香港特别行政区行政长官2023年施政报告[EB/OL]. https：//www.policyaddress.gov.hk/2023/tc/policy.html，2023-11-13.

中华人民共和国香港特别行政区政府. 北部都会区行动纲领2023[EB/OL]. https：//www.cnbayarea.org.cn/attachment/0/12/12392/1138104.pdf，2023-11-13.

中华人民共和国香港特别行政区政府创新科技及工业局. 香港创新科技发展蓝图[EB/OL]. https：//www.itib.gov.hk/zh-hk/publications/I&T%20Blueprint%20Book_TC_single_Digital.pdf，2023-11-13.

Bown, C. P. 2023. "The Challenge of Export Controls". Finance and Development（6/2023）.

Gavas, Mikaela & Käppeli, Anita. 2023. "Navigating the Precarious

Development Landscape: Insights from the 2023 Development Leaders Conference". Center for Global Development.

IMF, 2023/10, "World Economic Outlook: Navigating Global Divergence", https://www.imf.org/.

Intergovernmental Panel on Climate Change. 2018. Summary for Policymakers. In: Global Warming of 1.5° C. An IPCC Special Report on the impacts of global warming of 1.5° C above pre-industrial levels and related global greenhouse gas emission pathways, in the context of strengthening the global response to the threat of climate change, sustainable development, and efforts to eradicate poverty.

International Energy Agency. 2022. Global Energy Review: CO2 Emissions in 2021.

International Monetary Fund. 2023a. Regional Economic Outlook: Asia and Pacific. October 2023.

International Monetary Fund. 2023b. World Economic Outlook. October 2023.

Kotschy, Rainer & Bloom, David. 2023. "Population Aging and Economic Growth: from Demographic Dividend to Demographic Drag?" NBER Working Paper Series.

OECD, 2023/09, "Economic Outlook: Confronting inflation and low growth", www.oecd.org.

United Nation. 2022. The Sustainable Development Goals Report 2022.

United Nations Conference on Trade and Development. 2023a. Trade and Development Report 2023.

United Nations Conference on Trade and Development. 2023b. World Investment Report 2023.

United Nations Department of Economic and Social Affairs. 2023. World Social Report 2023: Leaving No One Behind In An Ageing World.

United Nations. 2023. World Economic Prospects.

World Bank. 2020. World Development Report 2020: Trading for Development in the Age of Global Value Chains.

World Bank. 2022. Poverty and Shared Prosperity 2022: Correcting Course.

World Bank. 2023a. Global Economic Prospects.

World Bank. 2023b. Atlas of Sustainable Development Goals 2023, https://datatopics.worldbank.org/sdgatlas/goal-17-partnerships-for-the-goals? lang=en.

World Inequality Lab. 2021. World Inequality Report 2022.

World Meteorological Organization. 2022. WMO Greenhouse Gas Bulletin.

World Trade Organization. 2023. World Trade Report 2023.

World Trade Organization, Global Trade Outlook and Statistics 2023.